主　编：荆学民

副主编：白文刚

编　委（按姓氏笔画为序）：

马　婧　白文刚　苏　颖

李丹林　李彦冰　何　勇

张毓强　荆学民　祖　昊

中国传媒大学"双一流学科建设"资助项目

Research on the Global Communication of the Belt and Road Initiative

共建"一带一路"倡议的全球传播研究

杨扬 著

中国传媒大学出版社
·北京·

总序

近些年，伴随着全球政治风云的跌宕起伏与中国政治的稳健发展，政治传播研究在中国风生水起。但必须清楚的是，政治传播虽然无法逃脱传播、传媒技术迅猛发展的诱惑与裹挟，却必须建于坚实的政治文明需要的基础之上。若无政治文明进步的迫切渴求和有力支撑，华丽喧嚣的政治传播最后也只能成为海市蜃楼或者过眼烟云。这便是政治传播亘古不变的特质。

以我的观察，中国的政治传播研究经过近几年学界和业界的初始耕耘，必然朝着两个方向进发。

第一，持续深入中国社会和中国政治的腹地。这里又有两个维度，一是继续聚焦于中国社会和中国政治的高远宏大的层面，对党中央政治路线、国家传播战略和中国政治体制等顶层蓝图进行研究；二是随着中国的国家与社会关系的重置与解构，调转方向深入到中国社会中与政治息息相关的"微社会"和"微政治"的神经末梢，进行"微政治传播"研究。就前一个维度的研究而言，难度较大，因为很多东西不能研究也不允许研究，更不是"研究"出来的；就后一个维度的研究而言，因为"门槛"过低而几乎成为"全民政治传播"或曰"百姓政治传播"。田间地头、街头巷尾、茶余饭后、慷慨陈词、低头耳语等，都是一种"政治传播"。甚至明星乞丐、娱乐八卦都充满着政治传播的"气味"。

第二，向政治传播的延伸地带和未垦领域拓展。这里也有两个维度：一是政治传播绝不仅仅是传统的"政治"和"传播"的事，要研究好政治传播，必然涉及诸多的学科领域，这就必然形成诸多新的"交叉地带";二是在全球化浪潮的冲击下,政治传播绝不仅仅是一个国家或一种政治体制的事,就算是聚焦于一个国家或一种政治体制的政治传播,也需要超越这个国家或这种政治体制才能更好地研究这个国家或这种体制的政治传播。拿中国来说,就是所谓的"中国立场、世界视野"。这样一来,比如研究方法论的选择、历史考论的视角、政策梳理的层面、比较研究的视野等,这些在过去看起来似乎只是政治传播领域"边缘"的领域,也必然地成为政治传播不可或缺的研究路向和目标。

正因如此,继国家"211 工程""985 工程"之后,搭乘"双一流建设"这股高校发展的强劲东风,我们在"当代中国政治传播研究丛书"(丛书共含 9 本著作,从 2015 年起已经由中国社会科学出版社陆续推出)之后,继续推出这一套"政治传播研究前沿书系"。

书系第一批计划推出 6 本著作,这 6 本著作印证了以上我对中国政治传播研究景观的分析。

《中国政治传播策论》正是由抽象虚浮的学理研判和高大宏远的人类政治向具体的中国政治传播现实转型的桥梁之作。之所以如此言说,是因为书中所选的 20 篇"策论"皆从基本理论"落地"到中国现实,颇有在政治传播上"出谋划策"的自我幻象(也可能连"幻象"都不是,而只是一种自我"幻想")。作为这本书的作者,我曾久久反思:这么多年的政治传播研究,自己研究的特色究竟是什么?看来还是坚持了"聚焦中国"这一特色。

《政治传播经典著作导读》基于这样一种理念:任何关于政治传播的研究,都不能是空中楼阁;任何关于政治传播的知识积累和观念创新,都不能离开政治传播经典这个基础。这本书也不仅仅是为所谓政治传播的初学者或刚刚接触政治传播的研究者提供资料,其目的还在于有效矫正越来越深的政治传播研究对经典的有意无意的不正当的背离。在"经典"的选择上,本书秉持经典性、多样性和开放性原则。经典性强调所选著作在政治传播研究相关重要主题上的开创性意义或者研究方法上的典范性价值；多样性强调从多学科视角选择政治传播经典著作，诸如传播学、政治学、历史学等多个学科领域可以置于政治传播视域之下的经典著作；开放性强调对"古典的经典"的超越，选择还没有被称为"经典"但有可能成为"经典"的著作。同时还要申明，这里所指的政治传播视域，是基于中国立场的学术判断，因此，本书所选著作既包含西方政治传播研究的代表性著作，也体现了中国学者基于中国立场对政治传播范畴和研究旨趣的理解。

《政治的微传播研究》率先开辟政治传播研究"新战场"。选题正是基于我的"随着中国的国家与社会关系的重置与解构，调转方向深入到中国社会中与政治息息相关的'微社会'和'微政治'的神经末梢"这样的思想理念。虽然，这本书现在的思考和样貌与我的想象和要求尚有不小的距离，但仍不失为具有一定创新性的拓展之作。本书在辨析"微传播"概念的基础上，将"政治"这一独特的社会现象与"微传播"这一崭新的传播形态勾连起来进行研究，深入分析了"微传播"与国家政治的关系，以及由此产生的诸多"传播新形态"。

《英国传媒监管研究》打破人们总是以美国为"标本"的习惯，选择了英国作为研究样本。这是因为，英国是传媒业历史最悠久的国家。英国的报纸、广播、电视自产生以来，不仅成为英国社会的政治、文化、经济的构成部分，同时，读报纸、听广播、看电视也成为英国国民的日常生活方式。从世界范围来看，英国的公共广播制度也为其他国家提供了样板。伴随着互联网的发展，英国的传媒格局、媒体传播方式也都发生了新的变化。英国的互联网、移动终端的普及率和网络广告的投放数额现在也都居于世界前列。从传媒业发展早期到现在，英国对传媒领域的规范，涵盖了人类社会所有的监管制度类型和模式；近代以来，英国对于传媒的宽容性（或媒体在与政府等各方博弈中，各方所呈现出的妥协性）和严格的规范性也构成了其不同于很多国家和地区传媒监管的特征。因此，英国传媒监管的历史演变、制度设计、法律依据、具体运行、经典案例等，都非常值得研究。

《中国古代传播政策史》更是在喧嚣的时代中把研究触角一下子深入到人类文明的前端——中国古代。理论上讲，传播政策的形成是一个社会的、历史的过程，来自政策制定者与特定传播环境的长期互动。中国古代虽无"传播政策"的概念，但对信息和舆论的管制实践却无时不在，或者说，"朝廷"对于信息"堵与疏"的争论和实验从未停止过。总的看来，中国古代传播政策反映的是走向思想专制的管制经验，不过在特定的历史阶段，同样体现出我国文化内在的基于民本和人本的理性、宽容和开放，以及随着社会经济、文化发展进程而产生的足以影响政策制定的各种物质和精神力量。这本书描述和概括了中国古代官方在不同历史条件下所使用的各类政策工具以及它们的理论来源、结构、功能和效果，既是从政策角度来解说传播史，也是从传播角度来解读政教史。本书以编年史的形式，尽最大可能反映中国古代官方传播政策在特定时代的源流、内容、定位和影响。

《共建"一带一路"倡议的全球传播研究》将研究视野拉入到国际政治传播场景中。进入 21 世纪以来，人类社会发展遇到"百年未有之大变局"，国际政治格局和秩序进入前所未有的不确定之中。在这样的背景下，中国提出的共建"一带一路"倡议，具有重要的政治意义和传播价值，是"人类命运共同体"理念得以扩散、认同和实践的重要一环。本书以共建"一带一路"倡议为研究对象，以"全球传播"为研究视角，构建了共建"一带一路"倡议全球传播的多元传播模型，描绘了当前"一带一路"全球传播的生态图景，以质化和量化相结合的研究方法，找出共建"一带一路"倡议全球传播所遭遇的三大困境，并分别从主流媒体角度、国际政治传播角度以及跨文化传播角度提出了破解三大困境的建议。

　　说实话，中国的政治传播和政治传播研究正在艰难中前行。我们这些负重前行的"同行们"的辛勤劳动，也许只是未来政治传播华彩乐章中的一个个乐符，或者说只是未来政治传播的广阔大道上的一块块铺路石，然而，对于我们这些做学术研究的苦行僧们来说，除此之外，复有何求？

荆学民

2024 年 11 月 19 日

一个美丽的秋日于东湖湾寓所

序言

进入 21 世纪以来，人类社会发展面临"百年未有之大变局"。国际政治格局和秩序进入前所未有的不确定之中，全球粮食危机、能源危机、气候危机、金融危机等交织叠加，使原本持续发展的"全球化"进程受到了阻滞，"逆全球化"的浪潮再度兴起。广大发展中国家仍然面临着债务负担、财政赤字、人口贫困、环境恶化等严重问题。然而，和平与发展仍然是时代主题，对美好生活的向往仍然是全球各国人民的共同愿景。

正是在这样的大背景下，2013 年 9 月和 10 月，国家主席习近平在出访中亚和东南亚国家期间，先后提出共建"丝绸之路经济带"和"21 世纪海上丝绸之路"的重大倡议（"一带一路"是"丝绸之路经济带"和"21 世纪海上丝绸之路"的简称），得到了国际社会的高度关注。共建"一带一路"倡议是新时代中国为构建人类命运共同体所贡献的"中国智慧"和"中国方案"当中最具现实意义和价值的一部分。过去的十多年间，"一带一路"的朋友圈如繁花般绽放，中国携手 150 多个国家、32 个国际组织，共同描绘出合作共赢的宏伟蓝图。中欧班列满载着希望与机遇，穿越千山万水，将中国的商品与友谊送到远方。中巴经济走廊、中老铁路、比雷埃夫斯港等项目，将亚洲的活力与欧洲的智慧紧密相连，构筑起互利共赢的桥梁。这一切的背后，是"和平合作、开放包容、互学互鉴、互利共赢"的丝路精神在熠熠生辉，更是携手世界人民共建人类命运共同体的崇高理想在闪耀光芒。

尽管共建"一带一路"倡议在过去十余年间取得了历史性的成

就，为世界经济增长注入了新动能，为全球发展开辟了新空间，但我们的声音似乎仍未能充分传递出去。一些国际社会成员对共建"一带一路"倡议存在误解、扭曲，甚至刻意抹黑。因此，加强国际传播能力建设，讲好中国故事，在"一带一路"建设中真实有效地向世界传播中国声音，呈现我国经济发展、社会进步的现实，展示中华民族悠久历史所积淀的文明智慧和灿烂文化，无疑成为我们当前急待攻克的重大课题。

本书以共建"一带一路"倡议为研究对象，以"全球传播"为研究视角，构建了共建"一带一路"倡议全球传播的多元传播模型，描绘了当前共建"一带一路"全球传播的生态图景，以质化和量化相结合的研究方法，找出共建"一带一路"倡议全球传播所遭遇的三大困境，并分别从主流媒体角度、国际政治传播角度以及跨文化传播角度提出了破解三大困境的建议。

杨　扬

目 录

导 论

一、共建"一带一路"倡议提出的相关背景 …… 003
二、共建"一带一路"倡议全球传播的研究状况 …… 022

第一章 共建"一带一路"倡议与人类命运共同体理念

第一节 人类命运共同体理念蕴含的新发展观 …… 038
一、旧发展观面临的困境 …… 038
二、人类命运共同体理念蕴含的新发展观的实质 …… 039

第二节 人类命运共同体理念蕴含的新治理观 …… 041
一、现有全球治理体系的无措 …… 041
二、人类命运共同体理念中"新治理观"的要义 …… 043

第三节 人类命运共同体理念蕴含的新秩序观 …… 044
一、现有全球秩序的"失序" …… 044
二、人类命运共同体理念蕴含的新秩序观的实质 …… 045
三、人类命运共同体理念是践行新秩序观的中国式现代化的表述 …… 045

第四节　人类命运共同体理念蕴含的新价值观 …… 048
一、新价值观不是"普世价值"而是"共同价值" …… 048
二、"共同价值"的理论基础 …… 049
三、"共同价值"的具体表达 …… 052

第五节　共建"一带一路"倡议是人类命运共同体理念最伟大的实践 …… 053
一、共建"一带一路"倡议有利于破解世界性发展难题 …… 053
二、共建"一带一路"倡议有利于推动全球治理体系变革 …… 054
三、共建"一带一路"倡议有利于共同价值的追求实现 …… 055

第二章　共建"一带一路"倡议全球传播的内在依据

第一节　共建"一带一路"倡议全球传播的意义 …… 059
一、促进经济发展，引领全球发展新道路 …… 059
二、加强国际合作，建构全球治理新模式 …… 062
三、推动文化交流，催生交流互鉴新文明 …… 064
四、肃清国际舆论，厘正全球传播新秩序 …… 067

第二节　共建"一带一路"倡议全球传播多元模型 …… 069
一、共建"一带一路"倡议全球传播多元模型理论基础 …… 070
二、以5W模型要素为基础的共建"一带一路"倡议全球传播多元模型 …… 071
三、共建"一带一路"倡议全球传播之信息流动特点 …… 078

第三章　共建"一带一路"倡议全球传播面临的困境

第一节　利益共享 …… 083
一、现实中国家间利益的冲突性 …… 083

二、共建"一带一路"倡议追求全球利益共享 ················· 086

第二节　规则共建 ················· 087
　　一、规则共建的重要性 ················· 088
　　二、"对中关系"的恶化阻碍规则共建 ················· 089

第三节　文化差异 ················· 094
　　一、文化霸权使文化差异转变为文化冲突 ················· 094
　　二、文化差异对全球传播的阻滞 ················· 097

第四节　价值认同 ················· 099
　　一、难以形成价值认同的原因 ················· 099
　　二、全球传播的独特作用 ················· 100

第五节　体制差异 ················· 101
　　一、各国的传媒体制不尽相同 ················· 101
　　二、传媒体制不同造成的传播渠道的阻滞 ················· 102

第六节　突破困境的主要路径选择 ················· 104
　　一、媒介渠道综合协同施力破解"西强东弱困境" ················· 104
　　二、从国际政治传播视野破解"意识形态困境" ················· 104
　　三、打通和强化"跨文化传播"渠道，破解"价值认同困境" ················· 105

第四章　破解共建"一带一路"倡议全球传播的"西强东弱"困境

第一节　主流媒体传播共建"一带一路"倡议的基本情况 ················· 110
　　一、中国主流媒体对共建"一带一路"倡议的传播概况 ················· 114
　　二、"一带一路"共建国家主流媒体对共建"一带一路"倡议的传播概况 ················· 120

三、其他国际主流媒体对共建"一带一路"倡议的传播 …………… 127

四、共建"一带一路"倡议全球传播生态图景 …………………… 137

第二节 主流媒体传播共建"一带一路"倡议存在的问题 ……………… 140

一、正面传播：中国主流媒体缺乏对共建"一带一路"倡议内涵的
系统诠释 ……………………………………………………………… 140

二、负面传播：国外主流媒体对中国理念与中国倡议持警惕和质疑
态度 …………………………………………………………………… 141

三、正负交织："西强东弱"的全球传播现状 …………………………… 143

第三节 全媒体综合协同施力传播人类命运共同体理念 ……………… 145

一、厘清共建"一带一路"倡议全球传播的议题边界 ………………… 146

二、加大共建"一带一路"倡议在国际主流媒体上的投放量 ………… 147

三、利用全媒体协同对共建"一带一路"倡议进行全球传播 ………… 147

四、建构媒体渠道上的新传播秩序 ……………………………………… 149

第五章 破解共建"一带一路"倡议全球传播中的意识形态困境

第一节 摒弃共建"一带一路"倡议全球传播中的意识形态偏见 ……… 153

一、正确认知国际传播的政治属性 ……………………………………… 153

二、在共建"一带一路"倡议的全球传播中秉持全球主义 …………… 157

第二节 依托中国特色政治文明支撑共建"一带一路"倡议的全球
传播 ……………………………………………………………………… 161

一、生发共建"一带一路"倡议的中国制度优势 ……………………… 161

二、为人类政治文明进步贡献更多中国智慧 …………………………… 166

三、构筑从国别特殊经验到人类普遍智慧的全球传播通道 …………… 171

第三节 冲破共建"一带一路"倡议全球传播中的西方政治话语
　　　　霸权 ·· 173
　一、共建"一带一路"倡议的目标是构建超越政治国家的人类命运
　　　共同体 ·· 173
　二、西方国家在"国家"基础上的政治话语霸权 ················· 175
　三、以人类命运共同体理念解构西方政治话语霸权 ··············· 177

第四节 转换共建"一带一路"倡议全球传播的话语表达态势 ········ 178
　一、提炼共建"一带一路"倡议全球传播话语中的全球要素 ········ 179
　二、转换共建"一带一路"倡议全球传播中的话语表达方式 ········ 181
　三、修复共建"一带一路"倡议全球传播中的认知偏差 ············ 182

第六章 破解共建"一带一路"倡议全球传播中的价值认同困境

第一节 全球化背景下跨文化传播内核的凸显 ····················· 187
　一、"技术主导论"的式微 ····································· 188
　二、"政治经济批判论"的超越 ································· 189
　三、"文化主导论"的崛起 ····································· 190

第二节 价值认同：共建"一带一路"倡议跨文化传播的重心 ········ 192
　一、拓宽共建"一带一路"倡议的跨文化传播之域 ················ 193
　二、共同价值是共建"一带一路"倡议跨文化传播中的深层连接
　　　纽带 ·· 194

第三节 冲破跨文化传播中的文化殖民和"中心—边缘"格局 ········ 197
　一、世界系统理论和电子殖民主义理论的启示 ··················· 197
　二、将共建"一带一路"倡议向全球传播的"中心—核心"推进 ····· 199
　三、细分受众的跨文化圈层 ··································· 200

第四节　注重共建"一带一路"倡议全球传播中的情感共鸣 ……… 204
- 一、情感是联结共同价值的重要纽带 ……………………… 204
- 二、通过情感共鸣实现共建"一带一路"倡议的共情传播 ……… 205
- 三、寻找共建"一带一路"倡议跨文化传播中情感共鸣的"基点"… 207

结语 …………………………………………………………………… 210

参考文献 ……………………………………………………………… 212
- 中文文献 …………………………………………………… 212
- 英文文献 …………………………………………………… 218

导 论

一、共建"一带一路"倡议提出的相关背景

2013年9月和10月，中国国家主席习近平在出访中亚和东南亚国家期间，先后提出共建"丝绸之路经济带"和"21世纪海上丝绸之路"的重大倡议，得到国际社会高度关注。共建"一带一路"倡议，宛如古丝绸之路上的璀璨星辰，在现代文明的天空中焕发出新的光彩。共建"一带一路"倡议以"和平合作、开放包容、互学互鉴、互利共赢"的丝路精神为指引，描绘出一幅人类共同发展的壮丽画卷。自提出以来至今的十余年时间里，"一带一路"从倡导变为行动，从愿景走向实践，不仅为沿线国家和地区的合作共赢奠定了坚实基础，也为世界经济增长注入了新动能，为增进世界各国民生福祉作出了新贡献。

（一）共建"一带一路"倡议的历史渊源与精神内核

秦汉之前，中国与外部世界的贸易往来主要依赖民间力量，缺乏政府的有效介入和支持，因此交通路线的畅通与安全难以得到保障。随着秦汉时期统一封建王朝的建立，国家实力显著增强，对外扩张与交流的步伐日益加快，政府开始介入并管理对外贸易。例如，汉武帝时期，张骞出使西域，以长安为起点，奠定了丝绸之路的基石，促进了中国与中亚、西亚等地的贸易往来。同时，汉朝政府在贸易通道上设立了专门的机构来管理贸易事务。在汉朝的繁荣时期，社会安定与经济兴盛共同促进了丝绸之路的畅通，汉朝与西域各国之间的交流达到了前所未有的高度，古代中国的影响力也随之扩大。进入魏晋南北朝时期，尽管国家分裂、社会动荡对丝绸之路的经营造成了一定影响，但丝绸之路并未中断，依然在对外贸易中发挥着举足轻重的作用。

隋唐时期，中国结束分裂，社会环境稳定，丝绸之路迎来全盛时期。唐

朝与西方诸国建立了深厚的经济文化交流关系，特别是玄奘西行取经，更是将丝绸之路推向黄金时代。然而，随着海上航路的兴起，特别是安史之乱后，丝绸之路逐渐显现衰落之势。宋元时期，丝绸之路经历起伏。宋朝陆上丝绸之路几乎废弃，而随着造船技术和航海技术的发展，特别是指南针的运用，使政府更加倚重海路贸易。元朝统一全国后，陆上丝绸之路再度繁荣，尤其是政府为保障商旅安全，设置了通路守卫和驿站等。然而，随着元帝国的土崩瓦解，陆上丝绸之路又陷入没落。到了明清时期，丝绸之路已趋于萧条。特别是清政府所奉行的闭关锁国政策，对陆上和海上丝绸之路都产生了极大的负面影响，导致它们几近停滞。这一政策严格限制了对外经济、文化、科学等方面的交流，使得中国与外界的联系几乎中断。此时的中国与西方世界的差距日益拉大，丝绸之路的价值被严重忽视。最终，作为清政府主要贸易方式的朝贡贸易体系，伴随着中法战争和中日甲午战争后签订的《中法新约》和《马关条约》而土崩瓦解，中国逐渐沦为半封建半殖民地国家，丝绸之路也随之暗淡无光。

　　丝绸之路的发展历史悠久，虽然发展历程复杂艰难，但是它在各个朝代都有发展和变化，这些变迁与发展为我们提供了深刻的历史经验。它不仅是东西方交流的见证，更是我们研究和探讨当代共建"一带一路"倡议战略意义和价值的重要参考。古代丝绸之路从兴起到鼎盛再到逐渐中断，最终归于消亡，与古代历史上中国的国家政策、经济、技术以及国际关系密切相关，并与政权的兴衰变动趋于一致。从整体上来看，古代丝绸之路实际上就是古代中国在国家内部的改革、发展以及对外开放状况方面的间接体现。

　　新中国成立后，中国的对外开放和外交政策不断调整与发展。但是受到冷战的影响，美国对新中国的对外交往和相关经济活动进行封锁和遏制，严重影响了新中国外向型经济的发展。一直到20世纪70年代和80年代，随着中美外交关系的恢复，以及中国经济的逐渐好转，"改革开放"的伟大决策应运而生，中国的对外开放才逐渐步入正轨。改革开放以来，中国经济发展步入了快车道，对外贸易也随着综合国力的增强而日益繁荣。2013年是中国经济发展史上起承转合的重要一年，习近平主席准确把握全球化经济发展的大势，立足中国发展现实，把国家利益与人民需求相结合，提出了共建"一带一路"倡议。共建"一带一路"倡议借用古丝绸之路的历史符号，融合了新的时代内涵，是知古鉴今、面向未来的宏伟构想。

共建"一带一路"倡议的精神内核是以"和平合作、开放包容、互学互鉴、互利共赢"为核心的丝路精神。丝路精神是东方智慧的结晶，是人类文明的宝贵遗产。共建"一带一路"倡议根植于丝路精神的历史土壤，把中国发展同共建各国发展结合起来，把中国梦同世界各国人民的梦想结合起来，致力于让建设发展成果更多、更公平地惠及各国人民，这是共建"一带一路"倡议新的时代内涵。

在丝路精神的引领下，共建"一带一路"倡议秉持了共商、共建、共享的原则理念：(1)共商就是共同商量，共建国家运用共同智慧，找出满足每个国家利益的办法。随着经济全球化深入发展，世界各国的现实利益和未来命运比过去任何时候都更加紧密，只有共同商量、通力合作，才有可能应对各种风险挑战。共商所坚持的核心是相互尊重，包括不干涉内政、不输出意识形态、不复制发展模式。这一原则为国际社会多元主体的平等参与和民主协商治理提供了制度性保障。(2)共建就是共同建设。共建国家发挥各自的独特优势，各尽所能，最大限度地发挥潜能，同时也共同担当责任和风险。中国与"一带一路"共建国家共同打造全方位多层次合作框架，实现各国在地理位置、自然资源、资金、技术、人才等方面的优势互补，为共建"一带一路"项目顺利推进创造了良好条件。(3)共享就是共同享用，共享国家的建设成果，让更多国家、更多民众共享发展成果。习近平说："中国将始终做全球发展的贡献者，坚持奉行互利共赢的开放战略。中国开放的大门永远不会关上，欢迎各国搭乘中国发展的'顺风车。'"[①] 共建"一带一路"倡议源自中国，但其成果和机遇属于世界，是改善全球经济治理体系、维护多边主义和国际合作、推动构建人类命运共同体、促进全球共同发展繁荣的中国方案。

2013年第三届"一带一路"国际合作高峰论坛后，为全面落实论坛成

---

① 习近平.在亚洲基础设施投资银行开业仪式上的致辞[N].人民日报，2016-01-17(002).

果，推进"一带一路"建设工作领导小组办公室发布了《坚定不移推进共建"一带一路"高质量发展走深走实的愿景与行动——共建"一带一路"未来十年发展展望》（简称《未来十年展望》）。《未来十年展望》中明确了共建"一带一路"倡议坚持的原则理念，除坚持共商、共建、共享以外，还包括坚持开放、绿色、廉洁，以及坚持高标准、惠民生、可持续的原则。具体来说，坚持开放、绿色、廉洁，强调在合作中保持开放性，欢迎各国共同参与；倡导绿色发展，注重生态环境保护和可持续发展；同时坚持廉洁奉公，反对腐败和不正之风，确保合作项目的透明度和公正性。这些理念体现了共建"一带一路"倡议对高质量发展的重要追求。坚持高标准、惠民生、可持续，强调在共建"一带一路"的进程中，需要引入各方普遍支持的规则标准，以确保合作项目的质量和效益。同时，要关注民生福祉，提高人民群众的生活水平，让共建"一带一路"的成果更好地惠及全体人民。此外，还要注重项目的可持续性，确保在商业和财政上的长期稳健运营。这些原则理念是推动共建"一带一路"倡议向更高水平发展的精神内核，也是实现人类命运共同体的坚实基础。

（二）共建"一带一路"倡议的重点领域

共建"一带一路"倡议自提出以来，便以其宏大的国际视野和务实的合作理念，成为推动国际合作与共同发展的重要倡议。共建"一带一路"倡议聚焦于政策沟通、设施联通、贸易畅通、资金融通和民心相通五大核心领域。第三届"一带一路"高峰论坛后，重点领域又加入了"新领域合作"，使共建"一带一路"倡议涵盖的领域更富有时代性。

1. 政策沟通

作为"一带一路"建设的"五通"之首，政策沟通是中国与"一带一路"共建国家开展各领域务实合作的前提与保障，为"一带一路"建设提供顶层设计与政策支持。[①] 在政策沟通方面，共建"一带一路"倡议积极加强共建国

---

① 李青燕.政策沟通：携手推进"一带一路"建设行稳致远［EB/OL］.（2018-08-21）［2023-08-30］.http://baijiahao.baidu.com/s?id=1609376833392656928&wfr=spider&for=pc.

家间的政治互信与务实合作，通过深入对接各国经济发展战略和政策，协商制定区域合作规划与措施；通过多层次、多领域的高层访问、峰会交流等合作机制，确保共建"一带一路"倡议与各国发展战略规划、区域及多边合作框架紧密相连。

2. 设施联通

设施联通指的是不同国家、区域之间基础设施的相互联通，包括公路、铁路、机场、港口等交通设施，以及通信、电力、石油和天然气管道等公用设施。各国通过在基础设施规划和技术标准体系对接方面实现合作，共同推进国际交通骨干通道建设，深化区域基础设施互联互通，共同打造"六廊六路多国多港"互联互通大格局。同时，在重大项目建设中充分体现绿色环保发展等国际先进理念，推动建设一批具有国际影响力的标志性示范工程。

3. 贸易畅通

贸易畅通作为共建"一带一路"倡议的传统合作领域，致力于解决贸易和投资自由化便利化的问题，消除贸易和投资壁垒，助力共建国家构建市场化、法治化、国际化的良好的营商环境，推动各国坚定维护以联合国为核心的国际体系和以世界贸易组织为基础的多边贸易体制，持续激发释放经贸合作潜力，并取得惠及各方的务实合作成果，进一步促进产业链、供应链、价值链的深度融合。

4. 资金融通

资金融通为共建"一带一路"倡议提供了坚实的金融支撑。各国在深化金融合作方面，通过推动货币稳定体系、投融资体系、信用体系以及金融监管协调机制建设，建立多边金融机构及投融资平台，获得了多样化的融资选择，形成了与现有多边开发银行相互补充的金融支撑体系。同时，金融监管合作的加强以及跨境风险应对机制的完善，为构建稳健、可持续的金融保障体系奠定了坚实基础。

5. 民心相通

民心相通是共建"一带一路"倡议的根基与愿景。民心相通不仅是"一带一路"国家民众心灵相通的纽带和理解包容力量的源泉，更是顺利推进

"一带一路"建设的坚实民意基础和社会根基。具体来说，通过形式多样的公共外交和文化交流活动，充分发掘各国人文资源，加深不同文化文明之间的尊重、理解与认同；通过签署文化领域合作协议，积极开展教育、体育、旅游、科技、卫生健康等涵盖多领域与多议题的合作；通过充分调动智库、民间组织、媒体等各方面力量，促进妇女、青年、残疾人等群体交流，营造和平友好的发展环境，扎实提高共建国家人民的生活水平与幸福指数。

6. 新领域合作

新领域合作是共建"一带一路"倡议对新兴领域的拓展，主要包括推进共建"一带一路"绿色发展、加快培育数字领域合作新业态新模式、打造"一带一路"科技创新合作新高地以及积极深化卫生健康领域国际合作这四个方面的内容。

共建"一带一路"倡议的重点领域涵盖了国际合作发展与全球治理的方方面面，旨在实现开放包容、互联互通和共同发展的世界。这一倡议贯穿欧亚大陆，涵盖基础设施建设、资源开发、产业合作等诸多领域，是一项覆盖面广、包容性强、辐射作用大的宏伟构想。

（三）共建"一带一路"倡议的阶段划分

商务部国际贸易经济合作研究院在其出版的《十年·大道至诚 中国推动"一带一路"经贸合作回顾与展望》一书中，将共建"一带一路"倡议的十年发展情况划分为三个阶段，这种划分方式较为科学合理。[①] 第一个阶段是2013年至2018年，为"大写意"阶段；第二个阶段是2019年至2022年，为"迈向"高质量阶段；第三个阶段是2022年至今，为"新时期新阶段"。这三个阶段各有发展侧重点与特点。

共建"一带一路"倡议的第一个阶段，从国家主席习近平2013年提出共建"丝绸之路经济带"和"21世纪海上丝绸之路"，即共建"一带一路"倡

---

① 商务部国际贸易经济合作研究院"一带一路"经贸合作研究所.十年·大道至诚 中国推动"一带一路"经贸合作回顾与展望[M].北京：中国商务出版社，2023：19.

议开始,至2018年习近平在推进"一带一路"建设工作5周年座谈会上发表重要讲话,指出"过去几年,共建'一带一路'完成了总体布局,绘就了一幅'大写意',今后要聚焦重点、精雕细琢,共同绘制好精谨细腻的'工笔画'"为结束。共建"一带一路"倡议的第一个五年,是在世界经济增长乏力、传统增长引擎对经济拉动作用减弱、全球化潮流几度遇冷、许多国家基础设施建设不足的背景下开始的。因此,第一个五年,是聚焦顶层设计、构建合作基础和框架的五年。中国政府印发纲领性文件——《丝绸之路经济带和21世纪海上丝绸之路建设战略规划》《推动共建丝绸之路经济带和21世纪海上丝绸之路的愿景与行动》《共建"一带一路":理念、时间与中国的贡献》等,作为引领共建"一带一路"倡议方向的核心文件,同时与100多个国家和国际组织、30多个沿线国家签署共建"一带一路"倡议合作协议,与20多个国家开展国际产能合作,聚人心,凝气力。比雷埃夫斯港、亚马尔液化天然气项目等一批有影响力的标志性项目逐步落地。随着资金融通的不断扩大,亚洲基础设施投资银行、丝路基金等相继成立,已为数百个项目提供投融资支持。第一个五年为共建"一带一路"打下了良好的基础。

在第二个阶段,习近平主席指出,"我们要聚焦重点、深耕细作,共同绘制精谨细腻的'工笔画',推动共建'一带一路'沿着高质量发展方向不断前进"[①]。"面向未来,我们要秉持共商共建共享原则,坚持开放、绿色、廉洁理念,努力实现高标准、惠民生、可持续目标,推动共建'一带一路'沿着高质量发展方向不断前进。"[②]这个阶段的外部环境趋于复杂,尤其是美国"印太战略"从贸易、投资、军事等方面,对华全面展开遏制,全球经济发展受阻,单边主义、保护主义、民粹主义盛行。针对共建"一带一路"倡议,美欧相继提出了"蓝点网络"计划、"重建更美好世界倡议"、"全球基础设施伙伴和投资关系",构建"印太经济框架"等。此后的三年疫情与乌克兰危机的出现,让共建"一带一路"倡议在艰难险阻中砥砺前行。面对新冠疫情在全

---

①② 习近平出席第二届"一带一路"国际合作高峰论坛开幕式并发表主旨演讲[EB/OL].(2019-04-26)[2023-08-30]. http:// m.cnr.cn/news/20190426 月 t20190426_524592052.shtml.

球蔓延的严峻形势，习近平主席提出了"打造人类卫生健康共同体"，将卫生领域合作列入共建"一带一路"倡议的重要内容，致力于与世界卫生组织和"一带一路"共建国家共同打造"健康丝绸之路"，以多双边为基础，初步形成了服务六大经济走廊和沿线支点国家的卫生合作战略布局，并在积极参与全球卫生安全治理、加强卫生政策协调与政策对话、加强传染病联防联控、提高应对突发公共卫生事件能力、发展"一带一路"医院联盟，共享优质医疗资源和健康科技成果、深化卫生人文交流等方面取得了积极成果。跨境电商、"互联网，"等新业态新模式，在疫情下世界经济发展与人民生活的方方面面发挥实效，"丝路电商"发展迅速，相关单位开展多伙伴国商品线上营销，举办多次"丝路电商"云上大讲堂，与东盟国家尝试开展跨境数据流动、数据存储本地化、数字产品非歧视性待遇等合作，不断拓展共建合作领域。

第三个阶段的开始，是2022年党的二十大胜利召开。党的二十大报告指出，"共建'一带一路'成为深受欢迎的国际公共产品和国际合作平台"，并提出了"推动共建'一带一路'高质量发展"的要求。中国自身发展与推动高质量共建"一带一路"倡议的路径更加清晰。尽管世界进入了新的动荡变革期，中国仍坚持国际法基本准则，维护联合国权威和地位，推进全球治理机制变革和引领新型多边主义平台建设，推动以构建人类命运共同体为主要内容的真正的多边主义思想和实践，持续推动高质量共建"一带一路"倡议。习近平总书记在第三次"一带一路"建设座谈会上提出了"完整、准确、全面贯彻新发展理念，以高标准、可持续、惠民生为目标，巩固互联互通合作基础，拓展国际合作新空间，扎牢风险防控网络，努力实现更高合作水平、更高投入效益、更高供给质量、更高发展韧性，推动共建'一带一路'高质量发展不断取得新成效"[①]的重要指导思想，要求继续深化互联互通，完善陆、海、天、网"四位一体"互联互通布局，稳步拓展合作新领域，开展健康、绿色、数字、创新等新领域合作，继续向共建国家提供力所能及的医疗、卫

---

① 习近平在第三次"一带一路"建设座谈会上强调 以高标准可持续惠民生为目标 继续推动共建"一带一路"高质量发展［EB/OL］.（2021-11-20）［2023-08-30］. http://china.cnr.cn/news/20211120/t20211120_525666233.shtml.

生帮助，支持能源绿色低碳发展，深化生态环境和气候治理合作，拓展数字领域合作，打造开放、公平、公正、非歧视的科技发展环境等。

第三个阶段虽然刚刚起步，但共建"一带一路"倡议无疑将续写更加辉煌的篇章。从2013年习近平主席首次提出共建"一带一路"倡议，到确立共商共建共享原则；从党的十九大报告提出要以"一带一路"建设为重点，到党的二十大报告提出推动共建"一带一路"高质量发展，10多年来，共建"一带一路"倡议不断丰富发展，并从理念转化为行动、从愿景转变为现实，取得了实打实、沉甸甸的重大历史性成就。① 中国将与共建国家携手同行，以更加坚定的步伐，共同推进这一伟大倡议的深入实施。

（四）共建"一带一路"倡议的丰硕成果

2023年是共建"一带一路"倡议提出的十周年。十年来，共建"一带一路"倡议为破解全球发展难题贡献了中国智慧、中国方案，为完善全球治理提供了新思路、新方案，开创了中国特色社会主义开放发展新实践，并在五大领域取得了丰硕的成果。

1. 政策沟通

在政策沟通方面，通过政策对话和协商，增进相互理解和信任，为合作打下坚实基础。双边合作不断深化，区域合作不断拓展，多边合作不断加强。

（1）双边合作

中国通过加强双边合作为起点，与各个共建国家自身的发展战略实现有效对接，挖掘合作的契合点，拓宽合作平台与空间。截至2022年年底，中国已与85个"一带一路"共建国家签署避免双重征税协定；截至2023年5月，中国已与36个"一带一路"共建国家和地区签署AEO互认协议；截至2023年7月，中国已与152个国家和32个国际组织签署200余份共建"一带一

---

① 张伟鹏.推动共建"一带一路"朝着更高质量、更高水平发展［EB/OL］.（2024-08-13）［2024-08-30］.http://mp.weixin.qq.com/s?__biz=Mzg3NzIyOTczMg==&mid=2247651708&idx=2&sn=be10a8926caaa617ed93d761c84e8cbb&chksm=ceec8f8575d1c4a46344d1ad673904ce80c55beaa599190f35218c9793013ae009465101aab3&scene=27.

路"合作文件；截至 2023 年 9 月，中国与 30 个国家建立电子商务合作机制。中国首创第三方市场合作的国际合作新模式，与发达国家、发展中国家实现更有效对接。截至 2022 年 12 月底，中国已与 14 个国家建立了第三方市场合作机制，并设立第三方市场合作基金。其中，依托第三方市场合作机制建成的马普托大桥及连接线项目荣获 2019 年美国《工程新闻记录》全球最佳项目评选活动桥梁类优秀项目奖。

（2）区域合作

"一带一路"建设秉持的是共商、共建、共享原则，不是封闭的，而是开放包容的；不是中国一家的独奏，而是沿线国家的合唱。"一带一路"建设不是要替代现有地区合作机制和倡议，而是要在已有基础上，推动沿线国家实现发展战略相互对接、优势互补。截至 2023 年 8 月底，80 多个国家和国际组织参与中国发起的《"一带一路"贸易畅通合作倡议》。中国与 28 个国家和地区签署 21 个自贸协定；截至 2023 年 6 月，《区域全面经济伙伴关系协定》（Regional Comprehensive Economic Partnership，RCEP）对所有成员国生效，中日通过该协议首次建立自由贸易关系。除此以外，2021 年 9 月 16 日，中国正式提出申请加入《全面与进步跨太平洋伙伴关系协定》（Comprehensive and Progressive Agreement for Trans-Pacific Partnership，CPTPP）。2021 年 11 月 1 日，中国正式申请加入《数字经济伙伴关系协定》（Digital Economy Partnership Agreement，DEPA）。

（3）多边合作

十余年来，习近平主席提出并落实全球发展倡议、全球安全倡议、全球文明倡议三大倡议，建立中非命运共同体、中拉命运共同体、中阿命运共同体、中国—东盟命运共同体、中越命运共同体等，不断丰富和践行多边主义实质。中国发挥引领作用的"一带一路"国际合作高峰论坛，至今已成功举办三届。中国与多个国家共同发起"一带一路"数字经济国际合作倡议[①]、"一

[①] 为拓展数字经济领域的合作，2017 年 12 月 3 日，在第四届世界互联网大会上，中国、老挝、沙特、塞尔维亚、泰国、土耳其、阿联酋等国家相关部门共同发起《"一带一路"数字经济国际合作倡议》。

带一路"疫苗合作伙伴关系倡议①、"一带一路"绿色发展伙伴关系倡议②等，与 16 个国家签署加强数字丝绸之路建设合作文件，为建设数字、健康与绿色丝绸之路提供新动力。

2. 设施联通

在设施联通方面，"六廊六路多国多港"③作为共建"一带一路"倡议的主体框架，在共建"一带一路"倡议的第七年时已经基本形成。围绕"六廊"形成的六大国际经济走廊，已经在中外经济贸易发展中起到了支撑作用。中欧班列的开通和发展、国际陆海贸易新通道的建设、基础设施的互联互通，不仅带来了物流链的不断扩容、产业链的双向互动，更促进了共同发展的区域经济体加速形成。

其一，中欧班列沿线国家积极探索"班列—园区"发展模式，共同搭建物流、贸易、投资一体化平台。中欧班列开行以来，十年间已联通中国境内 108 个城市，通达欧洲 25 个国家 208 个城市，运输货物超过 600 万标箱、货值 3000 亿美元。德国的汽车、波兰的苹果、荷兰的奶酪、哈萨克斯坦的面粉……越来越多的班列沿线国家共享中国市场红利。与此同时，中欧班列让更多电子产品、家电、新能源汽车等"中国制造"以更快速度、

---

① 阿富汗、孟加拉国、文莱、柬埔寨、智利、中国、哥伦比亚、斐济、印度尼西亚、哈萨克斯坦、吉尔吉斯斯坦、老挝、马来西亚、马尔代夫、蒙古国、缅甸、尼泊尔、巴基斯坦、菲律宾、沙特阿拉伯、新加坡、所罗门群岛、斯里兰卡、塔吉克斯坦、泰国、土库曼斯坦、阿联酋、乌兹别克斯坦和越南，于 2021 年 6 月 23 日在"一带一路"亚太区域国际合作高级别会议期间，共同发起疫苗合作伙伴关系倡议。
② 阿富汗、孟加拉国、文莱、柬埔寨、智利、中国、哥伦比亚、斐济、印度尼西亚、哈萨克斯坦、吉尔吉斯斯坦、老挝、马来西亚、马尔代夫、蒙古国、缅甸、尼泊尔、巴基斯坦、菲律宾、沙特阿拉伯、新加坡、所罗门群岛、斯里兰卡、塔吉克斯坦、泰国、土库曼斯坦、阿联酋、乌兹别克斯坦和越南，于 2021 年 6 月 23 日在"一带一路"亚太区域国际合作高级别会议期间，共同发起"一带一路"绿色发展伙伴关系倡议。
③ "六廊"是指新亚欧大陆桥、中蒙俄、中国—中亚—西亚、中国—中南半岛、中巴和孟中印缅等六大国际经济合作走廊。"六路"是指铁路、公路、航运、航空、管道和空间综合信息网络。"多国"是指一批先期合作国家。"多港"是指若干保障海上运输大通道安全畅通的合作港口。2019 年 4 月，习近平主席在第二届"一带一路"国际合作高峰论坛开幕式上指出："在各方共同努力下，'六廊六路多国多港'的互联互通架构已基本形成。"

更优价格到达中亚、欧洲,让中国制造扬帆出海。①中欧班列不仅保障了重大项目的建设投资,也为欧洲生产商和贸易商扩大对华出口开辟了重要的运输途径。诸如"中欧班列·跨境电商专列""中欧班列·邮政班列""中欧班列·贸易""中欧班列·口岸""中欧班列·园区"等中欧班列新业态也发展迅猛。

其二,西部陆海新通道位于中国西部地区腹地,北接丝绸之路经济带,南连21世纪海上丝绸之路,协同衔接长江经济带,在区域协调发展格局中具有重要战略地位。从2017年至2022年,西部陆海新通道经过六年的打造,辐射范围已扩展至17省61市115站,实现西部12个省区市全覆盖,并延伸至中部地区,物流网络覆盖119个国家和地区的393个港口,涉及品类740种。陆海新通道铁海联运班列数量增长49倍,累计发送集装箱75.6万箱。共建省市推进优化运输组织,通过铁路、公路、水运、航空等多种运输方式,形成连接中国西部内陆和海外的多式联运通道。中央相关部门及陆海新通道共建省区市与沿线国家积极开展国际合作,构筑常态化交流合作平台,进一步提升通道国际合作水平,为陆海新通道建设拓空间、添动力。

3. 贸易畅通

在贸易畅通方面,中国与"一带一路"共建国家经贸合作不断深化,贸易自由化便利化水平不断提升,贸易新业态、新模式不断涌现,为全球开放合作、世界经济复苏注入新动能。中国与"一带一路"共建国家货物贸易额由2013年的1.6万亿美元增长至2022年的近2.9万亿美元,年均增速6.4%,占同期中国外贸总值的比重由39.2%上升至45.4%。我国在"一带一路"共建国家大量的基础设施建设和加工制造活动推动了以工程技术外包、工业设计外包为主的知识流程外包迅速发展,知识产权服务、文化创意服务、管理咨询服务增长迅速。②

数字交付贸易成为服务贸易增长亮点,中国搜索引擎、社交媒体平台等

---

① 10万列!中欧班列提升亚欧大陆互联互通水平[N].环球日报,2024-11-18.
② 张威,孟寒."一带一路"经贸合作激发经济全球化新动能[J/OL].(2024-01-08)[2024-08-30].中国发展观察,http://cdo.develpress.com/?p=14999.

不断拓展海外市场，国产社交软件在中东、东南亚地区成为各自细分行业的隐形冠军。跨境电商、市场采购、海外仓等成为共建"一带一路"新增长点。"丝路电商"持续拓展经贸合作空间，截至2023年9月，中国已与30个国家建立了电子商务合作机制，"非洲好物网购节""买在金砖""网罗东盟好物""聚合中亚云品"及上合组织特色商品电商直播等促销活动，助力各国优质特色产品分享我国超大市场红利。

在推动双向投资方面，中国与"一带一路"共建国家双向投资不断增长，合作不断深化，构建起深度交融的产业链供应链价值链体系，引领经济全球化的发展方向。中国企业对共建国家直接投资由2013年的191.6亿美元升至2022年的309.1亿美元。投资领域逐渐拓展至绿色、数字、蓝色等新领域。"一带一路"共建国家来华投资取得新进展，2013年至2022年，共建国家累计在华投资设立企业接近6.7万家，累计实际投资超过1400亿美元（含部分通过自由港转投资）。中国企业阿里巴巴、SHEIN、九号等在共建国家发展态势良好。境外经贸合作区建设提质升级，一批优质的合作区推动中国与东道国形成稳定可靠的国际产业链供应链体系。

4. 资金融通

在资金融通方面，十年来，中国积极与"一带一路"沿线国家开展金融合作，推动建立了多层次的金融服务体系，打造包容合作机制，协调国际金融机构参与共建，促进资金融通，缓解共建国家的融资困境，创造更加稳定可靠的融资环境，为"一带一路"建设提供多元化的金融支持和服务。

其一，从政策角度来看，截至2020年末，中国已与84个国家和地区的金融监管当局签署了122份监管合作谅解备忘录或监管合作协议。[①]2017年第一届"一带一路"国际合作高峰论坛上，中国与26国财政部共同核准了《"一带一路"融资指导原则》。[②]此外，2017年5月，中国财政部与亚洲基

[①] "一带一路"金融合作十年回望[EB/OL].(2023-07-05)[2024-08-30]. https://baijiahao.baidu.com/s?id=1770562796797341840&wfr=spider&for=pc.

[②] "一带一路"秉持开放态度，谁将受益？[J/OL].(2023-10-31)[2024-08-30]. 中国经济周刊, https://baijiahao.baidu.com/s?id=1781262519429560468&wfr=spider&for=pc.

础设施投资银行、世界银行、亚洲开发银行、欧洲复兴开发银行等6家多边开发机构签署了《关于加强在"一带一路"倡议下相关领域合作的谅解备忘录》。2013年以来，银行间合作亮点纷呈，除签署共建协议、提供融资支持以外，中国工商银行倡议发起的"一带一路"银行间常态化合作机制（Belt and Road Bankers Roundtable，简称BRBR机制），已扩展至71个国家和地区的163家金融机构。

其二，从机构建设角度来看，2019年3月，财政部和世界银行、亚洲基础设施投资银行、亚洲开发银行、欧洲投资银行、欧洲复兴开发银行、泛美开发银行、拉丁美洲开发银行、国际农业发展基金在北京签署备忘录，共同成立多边开发融资合作中心（Multilateral Cooperation Center for Development Finance，简称MCDF），促进了共建国家和地区的信息交换、项目对接、能力建设等方面的金融务实合作。截至2023年4月，MCDF已向印尼、柬埔寨、老挝等国家10个项目提供1262万美元赠款，用于支持基础设施项目前期准备和能力建设。①亚洲基础设施投资银行和非洲开发银行作为MCDF执行机构，与商业性、开发性金融机构等合作伙伴联合实施这些项目，预计动员资金28亿美元。②截至2022年年底，亚洲基础设施投资银行累计批准项目202个，融资额超过388亿美元，向28个共建国家提供超过200亿美元贷款。丝路基金则为专门的中长期开发型投资机构。截至2022年年底，丝路基金投资项目遍及60多个国家和地区，承诺投资金额折合超过200亿美元。

2019年4月，中国与拉美国家首个多边金融合作机制——中拉开发性金融合作机制在北京建立。中拉开发性金融合作机制的成立，是落实中拉论坛第二届部长级会议成果的重要举措，旨在进一步密切各机构之间联系，发挥各自优势，深化协同工作机制，以更加紧密的金融合作促进更高水平的中拉合作。

中资金融机构积极构建绿色金融与绿色产业的有机结合模式，通过金融

---

①② 财政部：协调有关国际金融机构参与高质量共建"一带一路"，促进"一带一路"资金融通[N].中国日报，2023-07-11.

工具发挥作用，推进绿色金融创新，并在联合国、二十国集团等多边合作框架下，推广与绿色投融资相关的资源准则和实践经验。此外，诸如清算服务、货币互换合作等多元化跨境贸易和投资金融机制的确立，在方便"一带一路"建设的同时，也减少了货币危机和金融危机风险，为全球金融市场注入了稳定剂。

5. 民心相通

在民心相通方面，国际发展合作在共建"一带一路"倡议搭建的平台上，总体规模稳步扩大。2013—2018年，中国对外援助总金额为2702亿元人民币。①2018年4月，国家国际发展合作署成立，服务共建"一带一路"明确成为国际发展合作的重大使命职责。国际发展合作形成了成套项目、一般物资、技术援助、人力资源开发合作、援外医疗队、紧急人道主义援助、志愿者、债务减免、全球发展和南南合作基金九种方式，资金类型也分为无偿援助、无息贷款、优惠贷款三种类型。中国在减贫、农业、医疗卫生、教育、市政设施、打井供水等领域实施了一大批援助项目，以改善民生福祉、促进民心相通，让"一带一路"真正走到共建国家民众心中。

在农业减贫领域，中国通过新建基础设施、提供设备物资、教授技术技能等方式，为共建国家提供全天候、全方位的援助，帮助贫困国家实现脱贫。在联合国粮农组织框架下的"南南合作"项目中，中国向非洲、亚洲、南太平洋等地区的28个国家和地区派遣近1059名农业专家和技术员。派出人员最多、执行时间最长的中国—尼日利亚南南合作项目，被誉为全球南南合作的样板。目前，尼日利亚已经是非洲最大的水稻生产国，相比以前，大米进口降低了90%。②2017年，中国的杂交水稻被印在了马达加斯加最大面额的货币上，还受到了全球人民的追捧，成为最具收藏价值的纸币之一。

在公共卫生领域，中国政府与共建国家在妇幼健康、残疾人康复及主

---

① 《新时代的中国国际发展合作》白皮书（3）[EB/OL].（2021-01-10）[2024-08-30].新华社，https://baijiahao.baidu.com/s?id=1688463319639480760&wfr=spider&for=pc.
② 中国杂交水稻，正在悄然改变着世界[EB/OL].（2019-06-25）[2024-08-30]. https://www.kfcjzy.com/xinwendongtailanmu/news.html.

要传染病领域积极开展合作，为其提供医疗援助和应急医疗救助。据统计，十年间，中国与非洲国家20所医院建立对口合作，建设30所中医药海外中心，并成立"一带一路"医院联盟；与中东欧国家在传染病防控、慢性病防控、疫苗接种等领域合作；与缅甸、越南、老挝、柬埔寨、泰国等东南亚国家合作开展疟疾治疗药物抗药性联防项目；与中亚国家开展结核病控制合作；在新疆设立"丝绸之路经济带医疗服务中心"，依靠新疆与8国接壤的地缘优势和领先于周边的医疗水平，努力打造面向周边国家的国际医疗中心……"一带一路"倡议提出十年间，中国用"医疗丝路"为沿线国家织起一张"健康大网"，为当地建起一座座"带不走的中国医院"。在非洲当地，"中国医生"早已成为一张鲜活的名片，诠释着真正的"大爱无疆"，恰似中国提出"一带一路"倡议的初心"共享中国发展成果"的一个有力注脚。①

共建"一带一路"倡议提出以来，中国积极加强与共建国家教育领域的互融互通，逐渐形成了全方位、多层次、宽领域的教育对外开放新格局，推动我国教育对外开放的理念不断更新、机制不断创新、举措不断细化。中国通过援建扩建学校、提供技术指导、培训教师和管理人员、编制教材等方式，为共建国家改善教育环境，阻断贫困代际传递。在教育领域推行民心相通行动，通过实施"丝绸之路"留学推进计划、合作办学计划、师资培训计划、人才联合培养计划等，基本形成了推进"一带一路"的省部级教育行动网络。截至2022年9月，中国同181个建交国普遍开展了教育合作与交流，与159个国家和地区合作举办孔子学院（孔子课堂）；与58个国家和地区签署了学历学位互认协议；与24个共建"一带一路"国家签署高等教育学历学位互认协议。中国与共建国家签署的共建"一带一路"谅解备忘录，其中大部分涉及职业教育交流合作，已共建25个鲁班工坊，启动海外中国国际

---

① 大道为公 十年致远①｜"医疗丝路"为共建"一带一路"国家织起"健康大网"［EB/OL］.（2023-10-07）［2024-08-30］. https://news.cri.cn/rss-yd/2023-10-07/222a63a7-6763-ba5a-a0e7-4f2a5749945b.html.

学校建设试点。①

在公共基础设施领域，中国在其他发展中国家实施了一批公益设施、能源等基础设施项目，让当地民众拥有更多获得感、幸福感。②

人道主义援助是在自然灾害、公共卫生危机、冲突动乱等紧急情况下以拯救生命、维护生存尊严为目标的援助行动，通常短期且具有时效性。全球人道主义危机的受援需求既包括传统的自然灾害紧急救援、公共卫生突发事件响应、粮食援助等，也包括缓解移民和难民危机等较为新兴的人道主义援助领域。

中国始终积极参与国际人道主义援助，履行国际义务，全面回应不同时期的国际人道主义需求，在第一时间帮助有需要的国家应对自然灾害、疫情传播、粮食危机等各类灾难。在人类命运共同体、正确义利观、全球发展倡议和全球安全倡议等新思想新倡议的引领下，2018年至2022年间，中国共提供了822项对外紧急人道主义援助。③

文化交流互鉴也是促进文化交融、增进理解互信的重要途径。十年来，中国同共建国家和地区开展了形式多样、领域广泛的公共外交和文化交流，增进了相互理解和认同，为共建"一带一路"奠定了坚实的民意基础。十年间，中国已与157个国家签订文化合作协定，建立41个双多边文旅合作机制，形成了覆盖全球的政府间合作网络，合作内容包括经典著作互译出版、文化遗产合作、文化年旅游年活动、综合性文化节会、设立文化中心等。截至2022年，丝绸之路国际剧院联盟、博物馆联盟、艺术节联盟、图

---

① 刘洋，杨东平.【"一带一路"十周年】绘就"一带一路"教育交流合作"工笔画"[J/OL].（2023-12-22）[2024-08-30].经济杂志，https://mp.weixin.qq.com/s?__biz=MjM5NzA4ODY2MA==&mid=2661030931&idx=1&sn=d1921f5052c6ce5ca1dd63b6214d877a&chksm=bdb7e0e88ac069fed3b5e0de6c16b67100d89435bf7da09049db050ea9c779fdaaa3bec43cc8&scene=27.
② 《新时代的中国国际发展合作》白皮书（6）[R/OL].（2021-01-10）[2024-08-30].https://baijiahao.baidu.com/s?id=1688463467999371124&wfr=spider&for=pc.
③ 世界人道主义日：人道主义局势越发严峻，国际响应亟须加强[J/OL].（2023-08-19）[2024-08-30].中国与国际发展，https://mp.weixin.qq.com/s?__biz=MzIxMDg4NTM5Mw==&mid=2247490265&idx=1&sn=bcdb670dc430b46300b820e3541326e6&chksm=975c94a7a02b1db1d8f96cd24013b44559a11548f363457fe71993ba5286114b029a29d2002f&scene=27.

书馆联盟、美术馆联盟相继成立,已发展国内外成员单位539家,覆盖92个国家和2个国际组织,"鲁班工坊"等10余个文化交流和教育合作品牌逐步形成。①

作为文化交流的重要形式,旅游合作也在逐步扩大。中国旅游研究院数据显示,"十三五"期间,我国居民在"一带一路"国家旅游消费超过2000亿美元,"一带一路"沿线国家已成为中国最大的海外旅游目的地。②

在新领域合作方面,"健康、绿色、数字、创新"正成为高质量共建"一带一路"的发力点和新增长点。中国以共建"健康、绿色、数字、创新"丝绸之路为契机,打造合作新亮点,努力实现更高合作水平、更高投入效益、更高供给质量、更高发展韧性,推动共建"一带一路"高质量发展不断取得新成效。

2023年是共建"一带一路"倡议提出的十周年,健康"一带一路"建设作为其高质量发展的重要组成部分,不仅是中国践行"人类命运共同体"理念的实际行动,也是中国积极参与全球公共卫生治理的重大实践。

过去十年,中国在推动"健康丝绸之路"建设方面取得了显著成就。从派遣医疗队、实施人才培养,开展卫生援助、推广中医药,中国不断深化同各国在卫生健康领域交流合作,推动构建人类卫生健康共同体,建立紧密的卫生合作伙伴关系。截至2023年6月底,中国已与世界卫生组织签署《关于"一带一路"卫生领域合作的谅解备忘录》,与160多个国家和国际组织签署卫生合作协议,发起和参与中国—非洲国家、中国—阿拉伯国家、中国—东盟卫生合作等9个国际和区域卫生合作机制。③

共建"一带一路"倡议提出以来,中国制定印发了推进绿色"一带一路"

---

① 张长安,唐灵杰.以史鉴今,"一带一路"文化交流历久弥新[EB/OL].(2022-11-24)[2024-08-30].光明网—学术频道, https://www.gmw.cn/xueshu/content_36185931.htm.
② 描绘国际交流与合作新蓝图 推动"一带一路"文旅融合发展[EB/OL].(2021-07-20)[2024-08-30].人民资讯, https://baijiahao.baidu.com/s?id=1705755725991454595&wfr=spider&for=pc.
③ 共筑"健康丝绸之路",促进"一带一路"国家健康卫生全面提升[N/OL].(2023-11-20)[2024-08-30].中国日报, https://www.163.com/dy/article/IK19IF4L0514R9KE.html.

建设和生态环境保护合作等方面的政策文件，采取了绿色基建、绿色能源、绿色交通、绿色金融等一系列举措，包括与多国发起绿色伙伴关系倡议、发展能源合作伙伴关系，并与联合国环境规划署签署了《关于建设绿色"一带一路"的谅解备忘录》。2022年3月，国家发改委等四部委联合发布的《关于推进共建"一带一路"绿色发展意见》，提出全面停止新建境外煤电项目，将绿色发展理念不断深入和完善，让绿色成为高质量共建的鲜明底色。

由于受到地理、社会、文化等各种因素制约，不同地区和群体之间数字技术的使用和获取能力存在明显差异，形成信息不对称和数字落差问题，也就是所谓的"数字鸿沟"。而"数字丝绸之路"的建设，将有助于推动各个国家和地区在信息基础设施、数字科技应用、贸易发展、文化交流等领域的全方位交流合作，能够有效缩小"数字鸿沟"。

自2017年建设"数字丝绸之路"在"一带一路"国际合作高峰论坛上首次被提出以来，"数字丝绸之路"在服务共建国家数字基础设施建设、推动贸易创新发展、促进科技国际合作等方面取得了丰硕成果。截至2022年年底，中国已与17个国家签署"数字丝绸之路"合作谅解备忘录，与23个国家建立"丝路电商"双边合作机制，发起了一系列重要倡议，致力于共同构建和平、安全、开放、合作、有序的网络空间。[1]

科技创新作为促进经济发展、民生改善和应对全球性挑战的关键力量，是共建"一带一路"的重点领域，也是各国共同关注的重点方向。十年来，中国已与80余个共建"一带一路"国家签署政府间科技合作协定，与50余个共建"一带一路"国家建立知识产权合作关系。在卫生、交通、材料、能源等领域共建50多家"一带一路"联合实验室，在共建国家建成20多个农业技术示范中心和70多个海外产业园。中国面向东盟、非洲、拉美等建设了9个跨国技术转移中心，累计举办技术交流对接活动300余场，促进千余项合作项目落地。支持逾万名共建"一带一路"国家青年科学家来华从事短期

---

[1] 缩小"数字鸿沟" 加快"数字丝绸之路"建设［N/OL］.（2024-01-04）[2024-08-30］. 光明日报, https://www.yidaiyilu.gov.cn/p/0AJK3DPO.html.

科研工作和交流，累计培训共建"一带一路"国家科技与管理人员1.6万余人次。①

二、共建"一带一路"倡议全球传播的研究状况

（一）国内关于共建"一带一路"倡议的研究概况

自2013年共建"一带一路"倡议诞生以来，我国众多学者针对其性质、目标、实施途径、影响因素以及制约因素等多个层面进行了广泛而深入的研究，取得了令人瞩目的学术成果。为了全面、客观地揭示国内"一带一路"研究的现状，本书精心筛选了CNKI核心期刊（包括北大核心和CSSCI）中那些被引次数高达50次以上的高影响力文章共计1182篇，旨在深入剖析共建"一带一路"倡议的研究现状及其热点议题。

从文献的时间分布来看，2015年至2018年这四年间，关于共建"一带一路"倡议的研究尤为活跃，成果显著。这与共建"一带一路"倡议提出以来，经过2013年至2018年五年的扎实建设，所取得的显著成效与积累的丰富经验密切相关。

经过对"一带一路"相关文章的期刊类型进行深入考察，我们发现，国内关于这一倡议的研究普遍带有明确的目标指向性。位居前十的期刊主要围绕经济、贸易或国际问题展开深入探讨，这鲜明地反映出当前共建"一带一路"倡议的研究重心在经济和政治两大领域的聚焦，而在新闻学或传播学领域，对共建"一带一路"倡议的研究尚未成为主流。不过，值得一提的是，新闻学和传播学视角下的共建"一带一路"倡议的研究，往往与经济学、政治学等领域的研究存在不同程度的交叉融合。

现有研究大致分为如下几个层面：第一，从价值观角度，研究共建"一带一路"倡议的理论依据，研究内容涵盖"人类命运共同体""全球治

---

① 雍黎，何亮. 携手共建创新丝绸之路：首届"一带一路"科技交流大会侧记［N/OL］.（2023-11-07）［2024-08-30］. 科技日报，https://www.yidaiyilu.gov.cn/p/07F94I9L.html.

理""经济全球化""包容性全球化"等核心词汇;第二,从共建"一带一路"倡议的核心内容和概念着手,研究共建"一带一路"倡议是什么,内容涵盖"互联互通""民心相通"等核心概念;第三,从共建"一带一路"倡议对国内经济建设的拉动作用进行研究,以"海上丝绸之路建设""区域经济""粤港澳大湾区"等为核心研究议题;第四,聚集于共建"一带一路"倡议的发展评价、贸易状况、影响因素及其测度指标,研究内容包括"贸易潜力""贸易效率""产能合作""随机前沿引力模型"等;第五,从共建"一带一路"倡议所面临的现实制约因素、共建"一带一路"过程中我国面临的风险问题等方面,研究"文化距离""政治风险""国家风险""东道国""争端解决机制""仲裁"等核心问题;第六,从共建"一带一路"倡议的传播、文明与文化角度,研究"跨文化传播""孔子学院""地缘政治""周边外交""对外开放"等。

随着共建"一带一路"倡议步入不同的历史阶段,学界的研究焦点亦随之变迁。在提出倡议的初期,学者们主要关注的是"互联互通""民心相通""丝绸之路经济带""区域合作""海上丝绸之路"等构想性词汇的深入阐释,探索其背后的理念与意义。而在2016年至2018年间,学界开始将目光投向共建"一带一路"倡议在各个领域的推进情况及潜在风险,全面评估其实际成效与挑战。自2018年起,"贸易效率""制度质量""绿色全要素生产率""高质量发展"等词汇逐渐成为研究的新热点,这不仅彰显了学界对共建"一带一路"倡议研究重点的转移,更凸显了其对如何推动共建"一带一路"倡议的高质量发展,或如何借助这一倡议实现国内经济社会高质量发展的深度思考与探索。

总体来看,围绕共建"一带一路"倡议,目前国内仍以单一领域的研究为主流。在众多的研究之中,涉及传播和舆论方面的研究尚未形成核心词丛或成为主流,这预示着这一领域仍具有较大的深入研究空间。同时,学科交叉型的研究并不多见,研究者往往仅从某一特定维度解读共建"一带一路"倡议的性质、功能及潜在风险。然而,随着国际局势日益复杂多变,我们更应聚焦于共建"一带一路"倡议的国际认知及其形成机制,以及如何通过国际传播方面的提质增效来推动共建"一带一路"倡议的进程。这不仅是学术研究的新方向，也是新时期推进共建"一带一路"倡议的重要任务。

（二）国内围绕共建"一带一路"倡议的传播学研究概况

国内围绕共建"一带一路"倡议从传播学角度开展的研究属于共建"一带一路"倡议研究的子课题，相关研究量较少，因此，本书选取CNKI中被引率大于等于10次的被引文章240篇，以呈现其研究概况。

国内围绕共建"一带一路"倡议从传播学角度开展的研究主要分为三个方向：

一是以共建"一带一路"倡议为背景，研究某种文化（例如茶文化[①]、武术文化[②]、中国文化[③]等）、某种观念（例如中国价值观[④]、当代中国价值观[⑤]等）、某种模式（例如国际合作模式[⑥]等）的传播。这一类研究将共建"一带一路"倡议视作伟大背景、伟大机遇，研究焦点并不是共建"一带一路"倡议本身，而是将共建"一带一路"倡议与文化、观念、模式进行了交叉融合，所传播的内容在一定程度上可以反哺共建"一带一路"倡议，扩大共建"一带一路"倡议的内在影响力。例如，钟新、王岚昕的研究表明，中国媒体在与各国媒体的长期合作中积极探索"国际合作传播"的种种模式，逐步加强了与世界媒体的联系，提升了国际合作传播能力，媒体在国际合作传播中取得了丰硕的成果，各地区、各层级媒体相互配合地进行国际合作传播，在共

---

① 方彩琴."一带一路"背景下中国茶文化的国际传播[J].福建茶叶，2015，37（4）：49-52.
② 王国志，张宗豪，张艳."一带一路"倡议背景下中国武术国际传播偏向与转向[J].武汉体育学院学报，2018，52（7）：70-74，87.
③ 花建."一带一路"战略与提升中国文化产业国际竞争力研究[J].同济大学学报（社会科学版），2016，27（5）：30-39.
④ 李辽宁.论"一带一路"背景下中国价值观的国际传播[J].思想理论教育，2017（6）：52-55.
⑤ 张恒军."一带一路"倡议与当代中国价值观的国际传播[J].传媒，2017（15）：85-88.
⑥ 宋振华."一带一路"战略下的国际科技合作研究综述[J].昆明理工大学学报（社会科学版），2017，17（1）：1-9.

建"一带一路"倡议沿线才能够取得最佳的效果。①

二是从区域国别角度，对共建"一带一路"倡议进行一区一策、一国一策的传播研究。这类研究又分为两个类别：一类是研究共建"一带一路"倡议对某一特定地区的传播策略；另一类则聚焦某一特定国别媒体对共建"一带一路"倡议的报道情况，属于传播效果的研究。这两类研究相辅相成，为本研究拓宽了视野，同时其所采用的研究方法也为本研究提供了参考。研究的主要国别与区域包括印度、德国、法国、意大利、南非、美国及阿拉伯国家等。例如，赵瑞琦的研究侧重于对印传播，通过研究国际舆论场、沿线国家舆论场和中国民间舆论场来关联政治视角的互动与张力，分析其规律性和影响机制，进而提出有针对性的对印传播战略。②邹露聚焦德国媒体对于"一带一路"报道的新闻建构，研究了8家德国媒体的新闻框架，并提出了以下建议：适当回应关切，主动设置议题，创新叙事方式，让真实、立体、全面的"一带一路"形象在德国落地。③王晓昆以三家美国主流报纸对共建"一带一路"倡议的报道为研究重点，提出了"正视舆论""从小处着手""本土化操作"三个传播策略。④

三是从叙事、话语体系构建、话语平台建设、互联网传播、新闻报道框架、议程设置、共情传播理论等传播学视角出发，对共建"一带一路"倡议的传播问题进行探讨，并提出了相应的传播策略。例如，胡正荣从叙事角度，为"一带一路"找到叙事坐标，提出共建"一带一路"实际上就是"人类命运共同体"的落实方案，它在"后西方"的社会语境下，提出了新型的全球化构想，为国际关系提供了中国方案。对于中国的国际传播来说，应当深耕

---

① 钟新，王岚昕．"一带一路"背景下国际合作传播的模式分析［J］．新闻战线，2017（9）：39-44．
② 赵瑞琦．"三个舆论场"与对印传播战略："一带一路"下的中国国际话语权建构［J］．齐鲁学刊，2016（1）：74-79．
③ 邹露．德国媒体对"一带一路"倡议的新闻建构：基于8家德国主流媒体的新闻框架分析（2013-2022年）［J］．新闻与传播评论，2023，76（1）：57-75．
④ 王晓昆．美国主流媒体"一带一路"倡议报道研究：以《纽约时报》《华尔街日报》《华盛顿邮报》为例［J］．青年记者，2018（6）：87-88．

人文、补齐短板，推动"一带一路"成为共建"人类命运共同体"的样板。[①] 张发林从国际议程设置角度，提出为共建"一带一路"倡议提供一个新的解释视角，并因此将相对零散的问题、事件、政策和争论纳入一个整体的分析框架中，为共建"一带一路"倡议从国内到国际、从理念到实践、从构想到制度的发展提供较为系统的解释，为化解"一带一路"威胁论提供方法。[②] 李智从跨文化传播的视角，对国际传播格局进行了分析，作者打破东西方二元惯性思维，探讨了理论、受众、平台等不同维度的传播学问题。[③]

总的来看，国内对于共建"一带一路"倡议从传播和舆论的角度进行的研究，表面上似乎包罗万象，然而，其核心问题都是围绕共建"一带一路"倡议在国际舆论场面临的舆论困境，从传播学的角度提出应对的策略，这与本研究的议题是相通的。不过，以上研究或是过于关注某一具体的传播学理论探索而忽略了对负面舆论生成机制的分析，或是偏重于对某一区域国别的传播语义与传播策略的研究而无法客观呈现共建"一带一路"倡议在全球主流媒体所处的舆论场域中面临的困难，抑或过分强调国外媒体与中国议题之间的对抗性，自说自话，有失客观。这些缺失和遗憾都为本研究创造了空间，指明了努力的方向。

（三）国外关于共建"一带一路"倡议的研究概况

相较于国内研究，国际视野下共建"一带一路"倡议的研究彰显出更明显的宏观性。笔者简要梳理了 WOS（Web of Science）中有关 "belt and road" "one belt and one road" "new silk road" 的高下载与高被引文章 527 篇，并将其归纳为以下几个方面。

其一，国外学者更为关注应该如何看待共建"一带一路"倡议的问题，

---

① 胡正荣.共建人类命运共同体：从"一带一路"海外舆情看国际关系的中国方案[J].国际传播，2017（2）：1-9.

② 张发林.化解"一带一路"威胁论：国际议程设置分析[J].南开学报（哲学社会科学版），2019（1）：146-155.

③ 李智.跨文化传播视域下"一带一路"纪录片的理念创新与发展路径[J].当代电影，2017（7）：55-58.

并形成了多方探讨、观点博弈的现象。

例如，弗林特·科林（Flint Colin）认为，中国的"一带一路"倡议被解读为中国增加在东亚和东南亚影响力的一种手段，"一带一路"倡议是一个在多个层面上改变政治的项目，具有变革性的潜力，同时也将为全球合作和冲突创造可能性。① 还有一些学者更愿意自下而上地分析生成"一带一路"倡议的内部动因及影响。例如琼斯·李（Jones Lee）认为，"一带一路"倡议是北京重塑甚至主导地区和国际秩序的野心的表现这一观点错误的。"一带一路"倡议不是一个连贯的、地缘政治驱动的大战略，而是一个松散而不确定的计划，主要由相互竞争的国内利益驱动。②

其二，国外学者关注共建"一带一路"倡议在经济、政治、生态环境以及文化等方面的作用。

在经济维度上，部分研究深入探讨了共建"一带一路"倡议对于促进经济、产业、区域互联互通的积极作用，并对其运作模式进行了细致分析。例如，有研究关注"一带一路"共建国家基础设施的互联互通对经济发展的空间溢出效应③，验证了共建"一带一路"倡议通过设施联通促进贸易投资与经济发展的底层逻辑。此外，在科技创新的时代浪潮中，国外学者进行了一系列专门性研究，探讨了共建"一带一路"倡议的科技属性问题，并形成了科技引进与出口是共建"一带一路"倡议重要支点的共识。

在政治方面，国外研究往往将共建"一带一路"倡议与风险研究紧密相连，对于"中国是否会结盟"、"中国盟友有哪些"以及"中国盟友对世界格局的影响"等问题表现出浓厚的兴趣。在这方面，受国外长期形成的舆论影

---

① FLINT C, ZHU C. The geopolitics of connectivity, cooperation, and hegemonic competition: the Belt and Road Initiative [J]. Geoforum, 2019 (99): 95-101.

② JONES L, ZENG J. Understanding China's "Belt and Road Initiative": beyond "grand strategy" to a state transformation analysis [M]//HAMEIRI S, JONES L, HEATHERSHAW J. Rising powers and state transformation. London: Routledge, 2020: 19-43.

③ WANG C, LIM M K, ZHANG X, et al. Railway and road infrastructure in the Belt and Road Initiative countries: estimating the impact of transport infrastructure on economic growth [J]. Transportation research part A: policy and practice, 2020 (134): 288-307.

响,"一带一路"被贴上了"地缘结盟"的标签。由此可见,国外研究并未完全摆脱"中国威胁论"的刻板印象,他们先入为主地认为中国在政治与军事上对西方构成威胁,并将"一带一路"视为中国"政治野心"的体现。

在能源与环境方面,国外学者关注共建"一带一路"倡议对能源投资以及生态环境保护所起到的作用,尤其是中国在国内进行绿色转型是否会对新的跨境基础设施发展大型项目产生影响。①

关于"一带一路"的文化交融作用,国外学者认为这一倡议蕴含着丰富的哲学文化意涵,孔子学院等机构的设立被视为促进文化交流的有力举措。然而他们也指出,这并不意味着中国文化已经实现了高效传播。受限于国际政治属性与经济利益的内在约束,文化属性并未成为"一带一路"研究的核心主题。

与国内共建"一带一路"倡议相关研究的情形相似,国外学者围绕"一带一路"倡议从传播学角度开展的研究并不是主流,研究量较少。可见,国外学者并不刻意关注共建"一带一路"倡议的传播相关问题,涉及传播学方面的研究主题也大多在政治和文化的总主题之下,更鲜少站在"人类命运共同体"的高度去考虑共建"一带一路"倡议的全球传播。

(四)国外围绕共建"一带一路"倡议的传播学研究概况

在少数从传播学角度对共建"一带一路"倡议展开研究的论文中,研究主题大致可分为两大类:第一类研究关注影响共建"一带一路"倡议媒体态度的因素;第二类研究关注国外媒体传播"一带一路"倡议的特点。

1. 关注影响共建"一带一路"倡议媒体态度的因素

在第一类关注影响共建"一带一路"倡议媒体态度的因素的研究中,国外有不少学者剖析了影响媒体态度和情感的深层次动因。概括起来,主要包括五类影响因素。

---

① TRACY E F, SHVARTS E, SIMONOV E, et al. China's new Eurasian ambitions: the environmental risks of the silk road economic belt [J]. Eurasian geography and economics, 2017, 58 (1): 56-88.

一是国家利益与意识形态因素的影响。例如张莉（Zhang Li）认为，媒体平台已经成为国际关系和外交政策上不同话语交锋的战场，所有的媒体都戴着他们的"国家透镜"去看待"一带一路"倡议，中国和欧洲的媒体都试图投射自己的叙事以服务于各自的国家利益。① 还有的文章分析了澳大利亚对华策略的改变是如何影响"一带一路"的媒体叙事的。王丽（Wang Li）的研究也将影响英美媒体"一带一路"叙述的原因归为国家利益、经济利益和意识形态等因素。②

二是媒体所在国对华外交政策与受众偏好的影响。有学者对《今日乌兹别克斯坦》杂志报道的框架分析显示，该国媒体与外交部的关系导致其媒体在报道"一带一路"倡议时与政府观点高度一致，媒体成为政府用来向公众传递政治议程的媒介。③ 穆罕默德·阿法扎尔（Muhammad Afazal）的研究也指出，正是美国外交逻辑与"一带一路"倡议项目的态度变化导致美国媒体对"一带一路"倡议的表征方式发生了从积极到消极的巨大变化。④

三是媒体不同的党派倾向对报道产生的影响。例如匈牙利学者托马斯·马图拉（Tamas Matura）指出媒体的"政治倾向聚焦透镜"（lenses of their own political inclinations）对"一带一路"倡议的报道态度产生了重要影响。他的研究发现，亲政府的媒体倾向以积极的方式描述中国与"一带一路"倡

---

① LI Z. China's Belt and Road Initiative in the European media: a mixed narrative? [M] // MISKIMMON A, O'LOUGHLIN B, ZENG J. One belt, one road, one story? Cham: Springer, 2021: 115-137.

② LI W. Research proposal of a corpus-based discourse analysis of British and American mainstream media on "The Belt and Road Initiative" [J]. Open journal of social sciences, 2021, 9 (2): 509-516.

③ CHEN L, YURKOV S. How Uzbek media presents the "one belt, one road" initiative: a case study on Uzbekistan today [J]. Communication and public diplomacy, 2018, 1 (1): 118-133.

④ AFAZAL M, ZHANG C, CHISHTI M I. Comrades or contenders: a corpus-based study of China's Belt and Road in US diplomatic discourse [J]. Asian journal of comparative politics, 2022, 7 (3): 684-702.

议，而反对派媒体则更多地倾向于传播负面观点。①

四是媒体所在国领导人对华态度的影响。学者格克切·欧兹苏（Gökçe Özsu）将影响"一带一路"倡议报道的主导因素归结为领导人的对华观点，他发现土耳其新闻媒体直接将"一带一路"倡议的相关报道与埃尔多安（Erdogan）对中国的政治观点联系在一起。②

五是贸易等软实力因素的影响。例如通过对全球媒体的研究我们发现，一个国家的"贸易"在媒体上出现的频率越高，其对"一带一路"的看法越呈负面态度，而"投资"与各国对"一带一路"倡议的看法在统计上并不相关。还有的研究关注中国软实力对国外媒体态度的影响，发现巴基斯坦的英语媒体如此高的中国正面新闻报道率受到中国的软实力影响。③

2. 关注国外媒体传播"一带一路"倡议的特点

在第二类关注国外媒体传播"一带一路"倡议的特点的研究中，国外媒体对"中国"与"一带一路"的传播具有以下三个特点。

一是国外媒体倾向于将"中国""一带一路"表述为一种显性或潜在的威胁。正如 Lams 通过对美国媒体新闻报道的研究指出，美国媒体具有鲜明的报道偏好，美国的国家政策和外交政策是其进行中国报道的重要路向标。而这种对中国报道的负面、威胁与政治性偏好也在"一带一路"报道中得以延续。④Xu 则研究指出，中国在美国媒体报道中的形象"天然"带有负面属性，

---

① MATURA T. The Belt and Road Initiative depicted in Hungary and Slovakia [J]. Journal of contemporary east Asia studies, 2018, 7（2）: 174-189.
② ÖZSU G, BINARK F M. Representation of the "Belt and Road Initiative" in Turkish mainstream newspapers [J]. Communication and the Public, 2019, 4（4）: 291-304.
③ HERRERO A G, XU J. Countries' perceptions of China's Belt and Road Initiative: a big data analysis [R/OL].（2019）[2024-07-19]. http://www.jstor.org/stable/resrep28513.
④ LAMS L. China: economic magnet or rival? Framing of China in the Dutch- and French-language elite press in Belgium and the Netherlands [J]. International communication gazette, 2016, 78（1-2）: 137-156.

并且从时间序列上看，这一趋势有逐步加深的趋势。①戈兰（Golan）与卢奇托（Lukito）针对《纽约时报》与《华尔街日报》进行了专题式研究，该研究指出《纽约时报》的报道将中国描述为一个存在结构性限制的全球大国，而《华尔街日报》的报道则将中国描述为对美国利益的威胁，这些特点也在"一带一路"倡议的相关报道中有着明显的体现。②

二是国外媒体对"一带一路"倡议产生的意义建构，以建构中国内在发展需求论为核心。威廉姆斯（Williams）指出，作为中国的核心国际战略，"一带一路"倡议无疑将促进中国的内部稳定，但其成功与否取决于中国周边国家的接受程度，而"一带一路"倡议也通常被视为一种与全球经济结构调整密切相关的城市化形式资本主义。③Niu与Relly指出，一方面，在美国媒体报道中，最常用的框架是"中国雄心勃勃的大计划""中国的马歇尔计划""中国的大贸易计划""数十亿美元的互联互通计划""中国式基础设施项目""中国主导的双边经济倡议"等，这些都表明，美国媒体认为中国为减少过剩的工业产能，正在创造新的全球市场，并扩大中国的全球影响力，同时也显示了中国追求合理的海洋利益及海上地位，以及动摇世界经济秩序和挑战美国地位的野心。④戈兰（Golan）与卢奇托（Lukito）的研究则着重强调了美国媒体对"一带一路"倡议的政治担忧，该研究指出，美国媒体认为中国的"一带一路"倡议是通过推广"中国模式"重塑世界的一种方式。中国毫不掩饰其成为世界领先大国的雄心，随着时间的推移，"一带一路"倡议将

---

① XU K. Painting Chinese mythology: varying touches on the magazine covers of time, the economist, Der Spiegel, and China Today [J]. International communication gazette, 2018, 80 (2): 135–157.

② GOLAN G J, LUKITO J. The rise of the dragon? Framing China's global leadership in elite American newspapers [J]. International communication gazette, 2015, 77 (8): 754–772.

③ WILLIAMS J, ROBINSON C, BOUZAROVSKI S. China's Belt and Road Initiative and the emerging geographies of global urbanisation [J]. Geographical journal, 2020, 186 (1): 128–140.

④ NIU S, RELLY J E. Framing China's Belt and Road Initiative by U.S. and Indian news media (2013–2018) [J]. Newspaper research journal, 2021, 42 (2): 270–287.

是增强中国影响力的世界性项目。①

三是根据对手国家的特点和挑战程度来构建威胁故事。例如，特朗普刻意针对性地宣传了中国的威胁故事，威胁主要集中在不公平竞争和新兴大国之间的斗争和执政权力。②

国外学界在对"一带一路"倡议媒体态度的探讨中更加倾向于带入政治立场，将其呈现为媒体与国家软实力的对撞，因此在有关"一带一路"传播方面的研究中，国外学界通常注重国家利益、意识形态、对华政策、政治路线、国家软实力的内在作用。相关研究为辩证地看待"一带一路"倡议及其价值提供了补充。

综合国内外对"一带一路"倡议的研究，内与外呈现出了鲜明的多维性和差异性。一方面，经济与科技、政治、文化等领域成为国外业界与学术界关注的焦点，这些领域同样也是大国关系与外交实践的核心议题。另一方面，国外学界在关注"一带一路"倡议的政治意义的同时，也展现出一定的文化关切，试图通过这一倡议透视中国的国家形象与利益诉求。然而，这些研究往往都带有明显的价值判断色彩，为"一带一路"倡议打上了西方结盟属性的标签，这成为西方学术界与业界的主流观点。相较之下，国内研究则致力于对这些观点进行驳斥，从而在共建"一带一路"倡议的研究领域形成了某种"二元对立"的价值属性。

从学术发展的角度来看，我们应辩证地吸收国外研究的合理成分，客观分析其形成原因与机理。这不仅是改变当前研究现状的关键，也是提升中国国际传播力、影响力，优化"一带一路"倡议外部舆论环境，树立负责任大国形象的重要途径。同时，这也是学术界亟待填补的研究空白。

另外，在共建"一带一路"倡议的传播研究上，国内外呈现出不同的研究侧重点。国外研究更多从政治性角度出发，分析倡议的传播现象；而国内

---

① GOLAN G, LUKITO J. The rise of the dragon? Framing China's global leadership in elite American newspapers [J]. International communication gazette, 2015, 77 (8): 754-772.
② YUAN Z, FU Q. Narrative framing and the United States' threat construction of rivals [J]. Chinese journal of international politics, 2020, 13 (3): 419-453.

更侧重于对外传播的技巧，较少涉及对国外主流媒体形成的舆论困境的提炼和拔高，与国外的研究侧重点形成了交叉互补。诚然，研究者的身份决定了研究的语境与课题，但国外研究仍为我们提供了补充研究空白的启示。

（五）本书研究的主要内容

本书将从宏观视角着手，纵览共建"一带一路"倡议的理念与意义、成果与展望，找到"一带一路"与"人类命运共同体"理念的关系，并回答共建"一带一路"倡议为什么要进行全球传播以及如何更好地全球传播的问题。通过解析国外主流媒体对共建"一带一路"倡议的舆论评价，深入探究其舆论生发机制，本书试图从学理角度凝练并论证共建"一带一路"倡议在传播方面所面临的舆论困境。在此基础上，本书提出了具体的构建话语、拓宽渠道、突破文化藩篱等传播策略，使研究既具有深度和广度，又具备可操作性和实践意义。

第一章
共建"一带一路"倡议与人类命运共同体理念

进入21世纪以来，人类社会发展面临"百年未有之大变局"，国际政治格局和秩序进入前所未有的不确定之中。世界各国共同面临着合作与竞争并存的复杂选择，也需要共同面对诸多全球性问题和挑战。基于对"世界怎么了？我们怎么办？"的深入思考，习近平主席站在人类历史发展进程的高度，以大国领袖的责任担当，提出了构建人类命运共同体的重大理念。

人类命运共同体理念是习近平新时代中国特色社会主义思想的重要组成部分，是在当今世界多极化、经济全球化、社会信息化、文化多样化背景下，中国提出的关于推进全球治理体系与国际秩序变革的新理念。在中国同世界的关系发生历史性变化的新时代，这一"中国方案"表达了中国政府对全球治理、世界走向、人类和平与发展等一系列重大命题"超越性"的关切与思考。人类命运共同体理念顺应了历史潮流，回应了时代要求，对人类社会实现共同发展和持续繁荣具有重大意义，是中国对世界的重要思想和理论贡献。[①] 人类命运共同体理念不仅是一种伟大的思想、伟大的理念，更是一种人类社会的伟大行动。而共建"一带一路"倡议则是以构建人类命运共同体为最高目标，是构建人类命运共同体的重要途径。因此，从构建人类命运共同体的高度审视共建"一带一路"倡议，可以剖析共建"一带一路"倡议的深层次含义与意义，并找到共建"一带一路"倡议全球传播的内在依据。

本章以人类命运共同体理念为出发点，深挖人类命运共同体理念的内涵，并将共建"一带一路"倡议与人类命运共同体理念从概念内涵深处进行联结，论证二者之间的逻辑关系，即：人类命运共同体理念是共建"一带一路"倡议的精神内核，而共建"一带一路"倡议可以推进构建人类命运共同体。

自2013年人类命运共同体理念提出以来，国内学界就掀起了研究热潮，

---

① 任丽慧.人类命运共同体理念的时代价值与世界意义刍议［N］.中国民族报，2018-12-12.

研究成果数不胜数。随着全球社会发展，人类命运共同体理念也面临着不断完善和发展，而对于人类命运共同体理念的领会、领悟、解读和诠释，将是一个"永无止境"的过程。在当前这个全学科背景下对人类命运共同体理念进行全方位解读的时代，对于人类命运共同体理念的精髓，还需要更为深入、精准的研究、提炼和表达。

第一节　人类命运共同体理念蕴含的新发展观

发展观，是唯物辩证法的一个总特征。唯物辩证法认为无论是自然界、人类社会还是人的思维都是在不断地运动、变化和发展的，事物的发展具有普遍性和客观性。发展的实质就是事物的前进、上升，是新事物代替旧事物。因此，我们必须坚持发展的观点看问题，即发展观。在社会历史领域，发展观是一定时期经济与社会发展的需求在思想观念层面的聚焦和反映，是一个国家在发展进程中对发展及怎样发展的总的和系统的看法。发展观能够衡量出在一定阶段内社会意识形态领域的主流思想。

一、旧发展观面临的困境

（一）人与自然对立发展的困境

随着现代工业的快速发展，人类社会进入了一个全新的发展阶段。为了发展经济，人类肆意向大自然索取，他们一方面肆无忌惮地掠夺性地索取地球资源，一方面又随心所欲地倾泻现代工业社会生产的数以亿吨计的废气、废料和废液……最终造成了生态环境日益恶化，生态污染已经严重威胁到人类的生命健康，影响到人类的生存，人与自然之间的矛盾一度达到了白热化。

（二）人与人对立发展的困境

纵观西方资本主义现代社会的发展历程，可以发现，西方资本主义现代化发展观实际上是建立在精英主义立场之上，维护的是少数统治阶级的根本利益。西方现代化宣称继承文艺复兴以来的人文主义传统，"尊重人的价值"，认为"人是现实生活的创造者和主人"，但能够真正享受作为人的种种自由与特权的始终是处于统治地位的少数精英。这种精英主义发展立场直接导致了国与国之间、各国内部发展的高度不平衡性，为了追求经济增长而忽略了人的最本质的需求，人的发展被淹没在经济发展的浪潮之中，人与人之间不再是协同关系，而是一种竞争与对立关系。

二、人类命运共同体理念蕴含的新发展观的实质

人类命运共同体理念，面向人类的可持续性生存和发展实践展开。这种新的发展观，要义有几点：

（一）坚持人与自然的共生式发展

这种新发展观，来源于马克思主义的关于人类社会未来发展前景"真正的共同体"思想。"共同体"是客观存在的社会群体的泛称。早在古希腊柏拉图、亚里士多德那里，就曾经使用过这个词。到了18世纪启蒙运动时期，"共同体"一词又成为启蒙思想家的口头禅。马克思的"共同体"思想正是在批判和扬弃启蒙思想家"共同体"思想的基础上形成的。综而观之，从本质上来讲，"共同体"是关乎群己利益的政治联合体。马克思阐述了三种共同体的思想。一是"自然共同体"，即原始社会共同体；二是"国家共同体"，即黑格尔意义上的共同体，是与资本主义"物的依赖"关系相适应的。但马克思批判说：由于资本主义社会存在着阶级分化、阶级对立和阶级斗争，这种资产阶级国家的共同体并不是一种真正的共同体，实际上是一种"虚假的共同体"或"冒牌的共同体"。正是鉴于这种历史前提，马克思提出了第三种共

同体，即"自由人的联合体"，相对于资产阶级"虚假的共同体"，"自由人的联合体"才是"真正的共同体"。如果把人类命运共同体理念与马克思的共同体思想相比较，我们就会发现，它跟马克思主义一脉相承：人类命运共同体无疑是从"虚假的共同体"向"真正的共同体"迈进的过渡环节。随着人类命运共同体的构建，我们将进一步接近那种"真正的共同体"。

（二）坚持人与人的共生式发展

人类命运共同体理念蕴含新的发展观，具有实然和应然的双重属性。其实然性是指人类社会发展至今，各国相互联系、相互依存的程度空前加深，人类生活在同一个地球村里，生活在历史和现实交汇的同一个时空里，越来越成为你中有我、我中有你的命运共同体。从国际关系角度来看，各个国家已经被共同的利益和价值联结成一体，构成了一个全球层面的国际共同体。其应然性是指，已经存在的人类命运共同体的基础很不牢固，尤其是进入21世纪以后，国际安全形势动荡不安、复杂严峻。地区热点问题此起彼伏，传统安全威胁持续高发，新兴领域安全挑战日益突出，处于极度的不确定之中，逆全球化思潮崛起，霸权主义和单边主义盛行，一些国家、民族、政治势力等将本位利益置于人类整体利益之上。这一切恰恰都在不同程度地瓦解着已有的人类命运共同体的基础。因此，实然的人类命运共同体，让人类命运与共，同时也激励着整个人类为实现共同的理想和愿望而不断地去奋斗、去建设，但是从根本上来看，目前仍存在对这种共同体的认识不足的现象。

马克思所设想的"真正的共同体"并不能自然就实现的。马克思对这一共同体的内涵进行了分析，他认为，任何社会形态之下都存在着命运共同体，只要生产力没有得到充分发挥，旧的生产关系就不会消亡，而新的生产关系会在旧的基础上形成并发展，这种新的生产关系只有进入成熟阶段之后才会出现。① 所以说社会主义代替资本主义是人类社会发展的必然，但也需要一个

---

① 中共中央马克思恩格斯列宁斯大林著作编译局. 马克思恩格斯文集（第2卷）[M]. 北京：人民出版社，2012：592.

不断发展的过程。总之，来源于马克思的"真正的共同体"思想，是蕴藏在人类命运共同体理念中的向全世界全人类发出的理想感召。

第二节 人类命运共同体理念蕴含的新治理观

这里的治理主要是指"全球治理"。人类命运共同体理念是在全球问题的背景下提出的。全球问题包括政治、经济、文化、环境、安全等诸多方面的问题，但在全球化浪潮和"逆全球化"潮流的博弈中，"全球治理"或者说如何"全球治理"成为摆在人们面前的最为突出的问题。正因如此，人类命运共同体理念应这种时代之问而提出，其必然蕴含着新的治理观。

一、现有全球治理体系的无措

第一，现有的全球治理体系主要以西方大国为中心，代表性不足。当前的全球治理体系主要是基于"二战"后形成的国际体系与国际秩序。"二战"后建立的一系列国际组织、机构，如联合国、国际货币基金组织、世界银行、关贸总协定等确立了系列国际制度、国际规则和国际规范，维持了世界秩序的运行，也奠定了全球治理体系的基础，但这些国际组织的制度设计在本质上带有很深的西方中心主义特征……发展中国家长期处于不利地位，话语权弱，影响力低。第二，现有的全球治理体系没能及时反映当今世界的诸多变化。当前，全球的权力分布、科学技术、思想观念以及需要治理的具体问题等都与"二战"后大不相同。国际体系的实力对比发生了重大改变，美国等西方国家相对实力和影响力下降，发展中国家群体性崛起，尤其是一些新兴经济体影响力不断增强，这些变化在全球治理体系中并没有及时体现。第三，现有的治理体系仍是一种排他性治理，长期由西方大国和西方理念所主导，发展中国家的利益和诉求得不到及时有效回应。西方的治理理念受西方思维方式和文化传统的影响，在治理实践中经常固守二元对立思维，时常忽视治理所需的多元性，发展中国家的声音也经常被忽视。西方的治理理念经常表现出一元的治理特色，主要以规则治理为主，缺少灵活性。其他的治理理念或模式，如协商治理等被有意无意地压抑或忽略。治理方式更多是单一治理，治理多停于表面，经常忽略导致问题的根本原因，治标不治本。[1] 在这种治理模式和体系下，人类社会发展遭遇了诸多问题，比如政治强权问题、经济掠夺问题、环境污染问题、资源枯竭问题、恐怖主义泛滥问题、军事扩张侵略问题等。面对这些问题，现有的治理体系和理念基本上是束手无策，一些单边和霸权的做法反而使许多问题越来越严重。

1989年，世界银行针对全球经济恶化的情况进行了深入调查，并首次提出了"治理危机"的概念。随着全球化程度的进一步加深，治理危机现象越发严重，并已经成为世界各国普遍关注的问题。全球治理与世界历史的形成过程相统一，理论上讲，针对全球治理危机，单个国家的力量是有限的，随着全球市场的形成，各文明国家发生的危机不仅仅会影响到本国，也必然会影响到其他国家，所以需要各国共同参与到全球治理当中。治理主体的多样性是全球治理的显著特征。

造成全球治理危机的原因是多方面的。从全球视野来看，在政治方面，大国之间的不信任感越来越强。在经济方面，全球经济治理规则不合理，新旧动能转换不足。在文明方面，"文明优劣论"进一步加剧了社会的不稳定。在生态方面，全球生态治理中的利益纠纷不断，等等。但究其根本则应归结于，面对需要全球共同体参与的"全球治理"，西方霸权国家主导的"治理逻辑"和理念根基却是国家主义、单边主义和霸权主义。有鉴于此，为了应对全球治理危机而提出的人类命运共同体理念，不仅顺应了人类社会的发展，

---

[1] 孙吉胜.人类命运共同体理念为全球治理提供新思路[EB/OL].(2023-05-09)[2024-08-30].http://www.cssn.cn/gjgc/20230509_5627854.shtml

而且迎合了时代发展的要求。

二、人类命运共同体理念中"新治理观"的要义

首先应该指出，人类命运共同体理念虽然蕴含着新的治理观，但并不是对现有国际秩序和国际规则的彻底颠覆。人类命运共同体理念中所蕴含的"新治理观"，着力于"全球治理"的立场、视野、理念的转变。其要义在于：

在政治关系方面，人类命运共同体理念重塑全球治理体系的政治价值共识。习近平指出："和平、发展、公平、正义、民主、自由，是全人类的共同价值。"[1] 这套政治价值，实现了对资本主义国家主导的政治价值的全面超越，是解决全球治理危机的"核心密码"。

在安全格局方面，该理念强调了要打破传统割裂局面，建立新型国际关系。现有的国际秩序建立于强权逻辑的基础之上，要想改变权力，最常用的变革手段就是大规模暴力或战争。而人类命运共同体理念主张相互尊重、公平正义、合作共赢的新型国际秩序。

在经济方面，人类命运共同体理念主张合作共赢、利益共享，携手同行实现共同繁荣。

在生态建设方面，人类命运共同体理念主张建设持久和平、普遍安全、共同繁荣、开放包容、清洁美丽的世界。

总之，人类命运共同体理念在整体上，要求以共建共享取代一国独霸或几方共治，以开放包容取代优胜劣汰的文明冲突论，以合作共赢取代赢者通吃的零和博弈，以公平正义取代弱肉强食的丛林法则，以相互尊重取代恃强凌弱的霸权主义。

---

[1] 习近平谈治国理政：第2卷[M]. 北京：外文出版社，2017：522.

第三节　人类命运共同体理念蕴含的新秩序观

国际关系领域的著名学者赫德利·布尔（Hedley Bull）认为，世界秩序指的是"人类活动的格局或布局，它追求整个人类社会生活的基本或主要的目标"①。全球秩序观，是人类命运共同体理念的内在要求和基本向度。

一、现有全球秩序的"失序"

现有的全球秩序，启蒙于资本主义国家，并在资产阶级的权力推动下所形成。从生产力发展的角度来看，世界市场的形成促进了资本主义生产方式和生产技术的传播，扩大了工业文明对世界的影响，加强了世界各国经济的相互联系，推动了世界贸易和生产力的发展，促进了世界资本主义经济体系的形成。

这种全球秩序有利于资本主义国家在全球范围内的掠夺，而被殖民国家和人民则成为被掠夺的对象，生活在水深火热之中。伊曼纽尔·莫里斯·沃勒斯坦（Immanuel Maurice Wallerstein）对当前的这种全球秩序进行了深入分析，明确了它是一种不平等的世界经济体系，并产生了一系列的恶劣后果：一是全球发展失衡，贫富差距拉大；二是霸权主义、利益主义等横行；三是中心主义、等级主义大行其道；四是环境污染、气候恶化；五是恐怖活动猖獗，人类安全受到威胁。

正像理查德·N.哈斯（Richard Nathan Haass）在其著作《失序时代》（*A*

---

① 布尔.无政府社会：世界政治中的秩序研究[M].上海：上海人民出版社，2015：20.

World in Disarray）中所说，发达资本主义国家控制下的世界秩序让世界更加混乱，例如恐怖主义、气候变化等四处泛滥，说明了传统治理模式已经无法适应当前社会发展需求，世界正在走向失序时代。

二、人类命运共同体理念蕴含的新秩序观的实质

人类命运共同体理念所主张的新秩序观，着眼于人类社会的整体发展，这种理念下的全球秩序能够冲破中心化的限制，在平等协商对话的基础上实现有效合作，从本质上来说，它不同于西方霸权国家所主张的以自我为中心的旧秩序。人类命运共同体理念所提倡的新型全球秩序，主张通过全球治理、民主协商实现；其目标是在平等、包容、团结的基础上，实现世界的永久和平。马克思提出的"真正的共同体"理念，正是我们所期待的新秩序观的价值引领。这种理想的新秩序观正是人类命运共同体理念的精髓。

三、人类命运共同体理念是践行新秩序观的中国式现代化的表述

党的二十大报告提出，不断谱写马克思主义中国化时代化新篇章，是当代中国共产党人的庄严历史责任。继续推进实践基础上的理论创新，首先要把握好习近平新时代中国特色社会主义思想的世界观和方法论，坚持好、运用好贯穿其中的立场观点方法，做到"六个必须坚持"，其中第六条是"必须坚持胸怀天下"。习近平总书记指出，"中国共产党是为中国人民谋幸福、为中华民族谋复兴的党，也是为人类谋进步、为世界谋大同的党"，强调"天下一家"、命运与共，主张各国和衷共济、建设光明未来。我们要拓展世界眼光，深刻洞察人类发展进步潮流，积极回应各国人民普遍关切，为解决人类面临的共同问题作出贡献，以海纳百川的宽阔胸襟借鉴吸收人类一切优秀文明成果，推动建设更加美好的世界。在党的二十大报告中，习近平总书记深刻把握世界大势和时代潮流，宣示新时代中国促进世界和平与发展、推动构建人类命运共同体的坚定决心和大国担当，为共创人类更加美好的未来注入

强大信心和力量。构建人类命运共同体是习近平外交思想的核心理念，体现了中国共产党人的世界观、秩序观、价值观。这一理念充分彰显了中国共产党人的世界眼光和天下情怀，捍卫国际关系基本准则、维护国际公平正义的坚定立场和对全人类共同价值的弘扬。

自古以来，"天人合一"的宇宙观和"天下大同"的世界观，决定了中国人看待人与自然、人与社会、人与人之间关系的方式。所谓"天人合一"，就是将人与自然视为有机统一的生命共同体，在这一共同体中，人与自然相互联系、彼此依存，共同维护着宇宙的秩序与和谐。"天人合一"作为中华民族的崇高追求，为中国式现代化实现人与自然和谐共生奠定了文化根基。旧时代的天下观包含着帝国大一统的政治模式以及这个政治模式主导之下的封建观念。时代更迭，去芜存菁，人类命运共同体是天下观时代性的具体表述，构建人类命运共同体既反映了当代国际关系的现实，又将人类共同价值和中华优秀传统文化在新的高度上予以发扬光大。换句话说，人类命运共同体理念中蕴含着"新天下观"。

儒家的天下观蕴含了协和万邦与世界大同的崇高理想。习近平总书记在提倡构建人类命运共同体的过程中，曾多次提到儒家大同思想，就是希望能够用大同思想突破西方价值观的局限，用全人类的价值代替普遍化的西方价值，从而更好地处理各国之间的关系，推动实现全球共同繁荣。也就是说，人类命运共同体理念中蕴含的正是一种具有划时代意义的"新天下观"。

人类命运共同体是"和而不同"的共同体。人类命运共同体理念是当代中国对世界的重要思想贡献和理论贡献，是中国传统文化中"和而不同"思想的当代价值诉求，体现了中国的智慧，展示出中国人胸怀世界的包容情怀和博大胸襟。"和而不同"主张超越国家和民族界限，倡导不同社会制度、不同意识形态、不同历史文明、不同发展水平的国家求同存异、包容发展。"和而不同"强调将人类社会视作一个有机的整体，各个情况有别的国家都能平等相待、相互依存、利益交融，形成"你中有我、我中有你"的人类命运共同体。习近平在人类命运共同体理念的相关阐述中多次提到了"和而不同"。他表示，人类已经有了几千年的文明史，任何一个国家、一个民族都是在承先启后、继往开来中走到今天的，世界是在人类各种文明交流交融中成为今天这个样子的。推进人类各种文明交流交融、互学互鉴，是让世界变得更加美丽、各国人民生活得更加美好的必由之路。① 为此，习近平提出对待世界文明的四大原则：一是维护世界文明多样性；二是尊重各国各民族文明；三是正确进行文明学习借鉴；四是科学对待传统文化。他强调："丰富多彩的人类文明都有其存在的价值。要理性处理本国文明与其他文明的差异，认识到每一个国家和民族的文明都是独特的，坚持求同存异、取长补短、不攻击、不贬损其他文明。"

习近平总书记在党的二十大报告中指出，当前，世界之变、时代之变、历史之变正以前所未有的方式展开。中国始终坚持维护世界和平、促进共同发展的外交政策宗旨，致力于推动构建人类命运共同体。习近平指出，中国式现代化，是中国共产党领导的社会主义现代化，既有各国现代化的共同特征，更有基于自己国情的中国特色。中国式现代化是走和平发展道路的现代化，推动构建人类命运共同体是中国式现代化的本质要求之一。党的二十大报告明确概括了中国式现代化是人口规模巨大的现代化、是全体人民共同富裕的现代化、是物质文明和精神文明相协调的现代化、是人与自然和谐共生的现代化、是走和平发展道路的现代化这5个方面的中国特色，深刻揭示了中国式现代化的科学内涵。一方面，人类命运共同体理念凸显了中国作为发展中国家自身的发展经验与对外交往原则，是应对百年未有之大变局中全球性问题的中国答卷；另一方面，人类命运共同体理念作为马克思主义理论中国化的具体成果，体现了人类共同价值与共同理念。构建人类命运共同体已成为面对治理、信任、和平、发展"四大赤字"及解决全球问题的中国有效方案。

---

① 习近平：在纪念孔子诞辰2565周年国际学术研讨会暨国际儒学联合会第五届会员大会开幕会上的讲话[N].人民日报，2014-09-25.

第四节 人类命运共同体理念蕴含的新价值观

人类命运共同体理念反映了马克思共同体思想的时代精神，汲取了中华优秀传统文化的精华，与和平与发展的时代主题既一脉相承，又与时俱进，具有鲜明的时代内涵。人类命运共同体理念具有明确而强烈的价值导向。构建人类命运共同体以批判性重塑当代全球治理体系为旨归，是习近平新时代中国特色社会主义思想的一项具有战略高度和现实紧迫感的伟大构想，充分彰显了当代中国共产党人的理想追求和智识精神。

一、新价值观不是"普世价值"而是"共同价值"

2015 年 9 月，习近平同志在联合国大会发言中提出："和平、发展、公平、正义、民主、自由，是全人类的共同价值。"这一重大论断的提出，引起国内外广泛关注和热烈讨论。那么，全人类共同价值是一种什么样的价值？共同价值是哲学上的一个重要范畴，指的是不同的主体为满足共同的需求、实现共同的利益而达成的价值共识，是多个主体共同需要、共同愿望、共同利益的反映，其核心主张就是"有主体差别的共同性"。也就是说，人类命运共同体理念所蕴含和提倡的"共同价值"具有超越各自主体的共同性，但不是把某一主体价值无限放大而形成的所谓"普世价值"。

全人类共同价值与所谓的"普世价值"存在着本质区别，主要体现在以下几个方面。

（一）时代背景和内涵不同

普世价值起源于西方自由主义思潮，主要指民主、平等、自由等核心价值，但其本质上是西方资产阶级的价值观，具有排他性和意识形态色彩；而共同价值是在全球化迅猛发展和各国相互依存程度加深的背景下提出的，强调各国在命运共同体中的共同利益和共同威胁。

（二）提出的目的不同

共同价值是为了应对全球化带来的挑战，促进世界共同发展和进步，体现中国对人类进步潮流的引领和对世界共同发展的责任感。普世价值则是西方国家为了维护自身利益和影响力而提出的价值观。

（三）发展前景不同

共同价值是相对的、发展的、变化的，随着时代和社会的发展而不断丰富和扩展。普世价值则是绝对化的思维方式，认为某些价值是超阶级、超国家、超时空的。"普世价值"建立于西方中心论基础之上，是在西方文明优越论指导下所形成的，具有严重的霸权主义色彩。西方国家为了实现自身的目的，宣称"普世价值"是超越一切的、普遍的和永恒的意识形态，事实上却充满了排外主义倾向。全人类共同价值形成于人类普遍利益的基础之上，能够得到世界大多数人的认同，满足大多数人的需求。

二、"共同价值"的理论基础

在根本上，普世价值的观念深受基督教自然哲学和启蒙思想的影响，强调个体权利、理性思考和自由意志的重要性，其产生往往与特定的历史阶段和文化背景相关联；而基于马克思主义理论所形成的全人类共同价值，着眼于全球化发展大势和各国人民的共同利益，是对西方"普世价值"的超越。因此可以说，第一，共同价值是人类社会发展的客观要求；第二，共同价值有利于解决人类社会当前所面临的不同问题；第三，共同价值有利于人类社会更加公平、公正。

全人类共同价值，不仅凝聚着各国人民的基本价值共识，也汲取了中华优秀传统文化的智慧结晶。人类命运共同体理念，不仅是中华传统文化传统中"和合文化"这一优秀精华的绵延，更是立足于当今时代社会生活实践的哲学精神的反映。可以说，正是马克思主义的"类哲学"深度支撑着人类命运共同体理念所主张的价值观。

人类命运共同体理念，如果从哲学的高度和深度来看，其认知和认同"难度"恐怕还在于对这里的"人类"的准确和正确把握。这个问题在哲学界并不算陌生，只是多年来，人们过于关注"个人利益""集体利益"等，多多少少忽略了从"人类"高度来考量现实。直到所谓全球问题频频爆发，人们猛然认识到所谓种种全球问题，已然威胁到整个人类社会的发展，才开始重新审视"人类"的命运。如之前我们对人类命运共同体理念的演化进程和核心价值的分析，可以看出，其至高境界正是一种"人类意识"。

人类命运共同体理念，着眼于人类的总体福祉，这需要重新回到多年来被忽略甚至遗忘的"人类意识"。其实，早在19世纪中叶，马克思就从人类命运共同体的视角深入分析了和人类社会有关的哲学问题，比如"人类是谁""人类将往何处去"。他就此实际上已经构筑了自己的"类哲学"。在著名的《1844年哲学经济学手稿》《资本论》《德意志意识形态》《关于费尔巴哈的提纲》等一系列著作中，马克思从"类思维"的视角深入分析了人的类本质等方面的相关问题，并对此进行了科学界定，因此，毫无疑问，马克思主义哲学的"类思想""类意识"，对我们当下分析人类命运共同体理念具有指导意义，为其在全球范围内的传播提供了理论和价值支撑。

"类哲学"是以人的方式去观照人的一种新的哲学思维方式与思想境界，这种思维方式首先要求把人作为"人"来审视对待。对于人类的认识方式来说，外部世界的存在首先是物质的，即万事万物都是"物"。人也是一种物质性的存在，是一种"物种"。因而，在人类的基本认识方式和思维范式中，总是本能性地把人看成一种以抽象的同一性为基础的实体，据而形成一种"物种思维"。而马克思的"类哲学"不同，它是一种新的"类思维"。"类思维"把人当作"类存在物"，以把人当作"人"的方式观照人。马克思在1888年《关于费尔巴哈的提纲》中提出"人的本质不是单个人所固有的抽象物，在其现实性上，它是一切社会关系的总和"。所谓"社会关系的总和"，其实质就是人不可能单独存在，只能存在于社会当中。人作为感性对象的存在，不仅存在着自我，还存在着差别，两者具有"共在"特点。据此，人的本质是在人类社会的发展中不断地生成、发展的，人不断地把自己的本质力量对象化进而创造了属于自己的历史和社会，同时不断发展着社会关系的总和。人是通过社会关系的普遍化而联系在一起形成"类"。因而，"类哲学""类思维"中的人，才是真正的人，也就是说，只有把人当作"人"看，才能够从"人类"的高度和深度思考人类社会发展所遇到的种种问题，才不会把人淹没在"物"的横流之中，摧残人类本应具有的尊严、自由和幸福。至此，应该说，支撑人类命运共同体理念的恰恰是一种马克思主义的"类哲学""类思维"。反过来说，我们需要从马克思主义的"类哲学""类思维"的高度来把握和传播蕴含在人类命运共同体理念中的深刻思想。[①]"每一个单个人的解放的程度是与历史完全转变为世界历史的程度一致的。"[②]

现实的情况是，资本主义社会的发展和发达，对世界历史产生了极大的影响。马克思曾说过，资产阶级在它不到一百年的阶级统治中所创造的生产力，比过去一切时代创造的全部生产力还要多。但是，资本主义发展的动力和秘密，恰恰是把人作为一种"物"来看待和对待。资本主义发展的唯一逻辑是资本逻辑，唯一动力也是资本动力，在资产阶级统治者看来，人就是最大的资本，劳动力是源源不断滚滚而来的财富的源泉。对资本和财富的贪婪，使资本主义开疆拓土，不仅形成了世界市场，也创造了世界历史，使人有了"类"的联系的基础。马克思当年放眼于世界历史，明确提出，社会主义代替资本主义社会，彻底消灭资本主义社会，需要全世界的无产者联合起来，其深刻的思想内涵就意味着，是时候按照"类"的思维来对待人类了，是时候把人从"物"的泥潭中解放出来了！

[①] 中共中央马克思恩格斯列宁斯大林著作编译局.马克思恩格斯文集（第1卷）[M].北京：人民出版社，2012：539.
[②] 中共中央马克思恩格斯列宁斯大林著作编译局.马克思恩格斯文集（第1卷）[M].北京：人民出版社，2012：541.

放眼于当下，毫无疑问，正是那种把人当作"物种"看待的资本主义思维的单限度发展，引发了威胁人类社会本身的政治的、经济的、科技的、生态的种种问题。而面对这些问题，一些霸权国家仍然不改本性，出于一己之私，破坏正常的人类社会秩序，造成了越来越严重的后果，使人类社会发展又一次遇到了关乎自身命运前途的新的抉择。

类哲学和类思维，给人类命运共同体理念注入了灵魂。第一，类哲学、类思维提供了"把人作为人"的坚实的、真实的主体基础。人类命运共同体理念指向的是人的命运而不是物的命运，指向的是具有鲜活生命的人的命运。第二，类哲学、类思维从人的个人存在延伸到人的社会存在，这种社会存在跨越国界，超越各种合理且多元的哲学、宗教、道德学说表达对人的尊重，保护人之为人的基本和共同的权利，构成涵盖所有人的类的空间范围。第三，类哲学、类思维从人类社会的历史延伸到人类社会的未来，"命运"是历史和未来的统一体，但是，命运更加关注基于历史和现实的未来，人类命运共同体理念，着力于人类的普遍未来，是时间和空间相统一的类思维的体现和呈现。第四，类哲学、类思维通过人类命运共同体理念给我们思考当下种种问题提供了价值尺度。

人类命运共同体理念，再一次唤醒了久违的类哲学意识。当今社会构建人类命运共同体的关键就是要结合当前社会发展的现实，实现个体的自我认同、民族身份认同和国家文化认同，在相互认同的过程中构建一个"个体—共同体—类—自然"的有机体，从而形成人类共同体，在这个共同体内，各民族能够和谐相处，全人类能够和谐共生。人类命运共同体理念形成于人类社会共同发展基础之上，具有鲜明的社会主义价值导向，鼓励各民族携手共同努力，为打造美好世界贡献出自己的力量，为形成人类文明新形态而努力奋斗。

三、"共同价值"的具体表达

2015年9月习近平主席出席第七十届联合国大会一般性辩论并发表重要

讲话，首次提出全人类共同价值并阐释其基本内涵："和平、发展、公平、正义、民主、自由，是全人类的共同价值，也是联合国的崇高目标。"① 之后，习近平总书记又多次在不同场合强调指出："各国历史、文化、制度、发展水平不尽相同，但各国人民都追求和平、发展、公平、正义、民主、自由的全人类共同价值。"全人类共同价值是针对国际关系和全球治理提出来的，"全人类"在其现实性上是分别属于 200 多个国家和地区的人民。全球化时代，世界各国交往日益密切，客观上已成为互相依存的命运共同体，必然追求价值共识。全人类共同价值正是不同社会制度、不同意识形态、不同历史文化、不同发展水平的各国人民共建美好世界在价值理念方面的"最大公约数"。习近平主席指出："和平与发展是我们的共同事业，公平正义是我们的共同理想，民主自由是我们的共同追求。"这为我们准确把握和平、发展、公平、正义、民主、自由的全人类共同价值的科学内涵，提供了准确指导。

第五节　共建"一带一路"倡议是人类命运共同体理念最伟大的实践

一、共建"一带一路"倡议有利于破解世界性发展难题

发展是人类社会永恒的主题。国际金融危机爆发以来，其深层次影响持续显现，世界经济缓慢复苏、发展分化，国际投资贸易格局和多边投资贸易规则酝酿深度调整，国际贸易和跨国投资萎靡不振，世界经济陷入低增长、

---

① 习近平.坚持推动构建人类命运共同体[M].北京：中央文献出版社，2018：253-254.

低需求和高失业、高债务、高泡沫的"新平庸",各国面临的发展问题依然严峻。尽管经济全球化的发展大势没有变,但国际社会也出现了一些"逆全球化"的声音。世界经济增长需要新动力,发展需要更加普惠平衡,贫富差距鸿沟有待弥合。当今世界的很多冲突和矛盾,往往是发展不平衡、不充分的反映。发展是解决一切问题的总钥匙,共建"一带一路"倡议就是聚焦发展这一根本性问题提出的"中国方案"。

"一带一路"倡议共建国家地缘相近、人缘相亲、文化相通,深化经济合作,加强人文交流具备坚实基础。各国发展阶段和发展基础不同,要素禀赋和产业机构差异较大,拥有不同的比较优势,具有很强的经济互补性。有的国家能源资源富集但开发力度不够,有的国家劳动力充裕但就业岗位不足,有的国家市场空间广阔但产业基础薄弱,有的国家基础设施建设需求旺盛但资金紧缺。共建"一带一路"倡议为各国发挥自身优势,加强互利合作,实现共同发展搭建了一个新的平台。各国通过参与"一带一路"共建,扩大贸易投资往来,深化产业合作,推进国际经济走廊建设,完善金融保障体系,可以释放发展潜力、拓展市场空间,形成新的经济增长点,创造更多市场需求和就业机会,增强内生增长动力和抗风险能力,增进普通民众民生福祉,把经济的互补性转化为发展的互助力,从根本上化解造成各种冲突和矛盾的根源。

二、共建"一带一路"倡议有利于推动全球治理体系变革

"二战"后,世界各国携手合作,共同创建了以联合国为核心,以世界贸易组织、世界银行、国际货币基金组织三大机构为主体的全球治理体系,涉及贸易、投资、金融、发展合作等一整套制度安排,70多年来,世界总体保持了和平稳定,人类的发展事业取得了前所未有的进步。当前,世界政治经济格局面临调整,人类面临巨大挑战,而现有的全球治理理念、体系和模式越来越难以适应和应对。"目前,国际经贸规则面临重构。国际金融体系亟待改革,现有的国际货币基金组织、世界银行等多边金融机构代表性不足,难以满足全球日益增长的融资需求,难以适应防控区域性和全球性金融风险的

需要。总的来看，西方主导的全球经济治理机制失灵、理念失灵、权责失衡问题日渐凸显"，① 世界各国尤其是新兴经济体和发展中国家，希望全球治理体系更加完善，更符合生产力发展需要，更有利于共同发展，国际社会对推进全球治理体系变革的呼声日益高涨。

随着中国综合国力的增强，国际地位的提升，国际影响力、感召力、塑造力的提高，在全球治理体系和国际秩序变革的重要时点上，中国有责任也有能力提出更多中国倡议、中国主张。

共建"一带一路"倡议所秉持的"丝路精神"与所倡导的"共商、共建、共享"治理理念，是在符合联合国宪章所确定的国际关系基本准则的框架下对国际关系理论的丰富和发展，为全球治理体系改革和国际秩序的发展提供了新的动能。共建"一带一路"倡议从理念到实践再到国际共识，是对现有全球治理体系的有益补充和完善，最终目的是合作共赢、共同发展，共建"一带一路"倡议所秉持的"共商共建共享"原则，已经上升为新时代中国的全球治理观。

三、共建"一带一路"倡议有利于共同价值的追求实现

人类虽生活在同一个"地球村"，各国利益高度关联，相互依存日益加深，然而，人类社会却由于历史发展、文化背景、经济发展阶段的不同，对于"价值"的追求有着不同的理解。西方"普世价值"已经被无数次证明，并不适合于绝大多数发展中国家。

西方"普世价值"植根于西方的历史文化传统和社会制度中，这决定了它具有很强的文化偏见。这种价值体系强调个人主义、自由主义和私有制，这与许多发展中国家的社会文化背景存在显著差异。将西方"普世价值"强加给这些国家，不仅难以获得广泛认同，还可能引发文化冲突和社会不稳定。

---

① 全国政协经济委员会副主任、中国贸促会长姜增伟：我国工商界应深度参与全球经济治理 实现从"买票看戏"到"登台唱戏"再到担当主角的根本转变[N].中国贸易报，2017-03-16.

许多发展中国家正处于现代化进程中，面临着经济发展、社会转型和文化变迁等多重挑战。在这种情况下，简单地套用西方"普世价值"不仅难以解决现实问题，还可能阻碍这些国家的现代化进程。更重要的是，西方"普世价值"往往与西方国家的利益紧密相关，是维护其资本统治的工具，这使得它在推广过程中往往带有一定的政治色彩和意识形态倾向。因此，面对"普世价值"的各种论调，我们一定要认清其"弦外之音""醉翁之意"。

对比西方的"普世价值"，全人类共同价值是习近平主席在马克思主义理论基础上，着眼于全球化发展大势和各国人民共同利益而提出的普遍性价值，其根植于中华优秀传统文化和中国特色社会主义的现实国情，具有承继性、创新性、包容性、时代性、先进性等特征，是对西方"普世价值"的超越。共建"一带一路"以构建人类命运共同体为最高目标，坚持共商共建共享原则，倡导践行真正的多边主义，充分尊重各国发展水平、经济结构、法律制度和文化传统的差异，强调平等参与、沟通协商、集思广益，以最大限度地凝聚广泛共识。共建"一带一路"坚持弘扬全人类共同价值。从本质上来说，共建"一带一路"倡议让各国都有平等参与的权利，不搞封闭小圈子，更不具有排他性，对所有国家或经济体、国际组织、区域合作机制和民间机构开放，坚持在相互尊重的基础上，把文明多样性和各国差异性转化为促进发展的活力与动力。从追求上来说，共建"一带一路"倡议强调和平合作、开放包容、互学互鉴和互利共赢的"丝路精神"，体现了对和平与发展的共同追求，以及对不同文明交流互鉴的尊重。这种价值观超越了意识形态和政治制度的差异，具有普遍的全球意义。共建"一带一路"倡议不仅有助于推动共建国家的经济社会发展，为国际社会注入新的正能量，也将为构建人类命运共同体打下坚实的基础。

可以看出，共建"一带一路"倡议与人类命运共同体之间联系紧密，是推动构建人类命运共同体的中国智慧。共建"一带一路"倡议是构建人类命运共同体的具体实践平台，而人类命运共同体理念是推动共建"一带一路"倡议的内在精神力量，二者相互促进、相辅相成。

第二章
共建"一带一路"倡议全球传播的内在依据

首先，我们需要思考和回答的问题是为什么要对共建"一带一路"倡议进行全球传播，全球传播共建"一带一路"倡议具有什么样的意义，或者说，可以达成什么样的目标。自共建"一带一路"倡议提出以来，国际社会对其产生了诸多猜测，质疑甚至反对的声音一直不断，围绕共建"一带一路"倡议的目的产生了诸多阴谋论。在这里，我们要区分共建"一带一路"倡议的意义与传播共建"一带一路"倡议的意义。传播共建"一带一路"倡议更侧重于向外界介绍和推广"一带一路"倡议。它旨在让更多的人了解"一带一路"倡议的理念、目标和成果，以激发更多的参与热情和支持，与共建"一带一路"倡议之间构成了相互促进、相辅相成的关系。通过共建"一带一路"倡议的全球传播，我们也可以间接实现共建"一带一路"倡议的愿景，进而推动构建人类命运共同体。

厘清共建"一带一路"倡议全球传播的意义，有助于在共建"一带一路"倡议传播的过程中明确传播方向，精准把握尺度，有助于消除杂音，做到有据可循、有理可依。

第一节 共建"一带一路"倡议全球传播的意义

一、促进经济发展，引领全球发展新道路

"人类社会应该向何处去？"面对这一时代之问，习近平对人类当代社会

的发展进行了系统性研究，明确指出，"现代文明给人们带来了极其丰富的物质和精神财富，全人类都应该共享这些发展成果，所以任何一个国家在自身快速发展的过程中，也要积极为其他国家的共同发展伸出援手，一部分国家先富，另一部分国家贫穷落后，无法形成世界共同格局"。[①] 在全球化的今天，各国相互联系、相互依存的程度空前加深，人类命运相连、利益相关、休戚与共，所以全人类在共担社会责任的过程中，应该共享发展成果。

共建"一带一路"倡议，在着力解决人类社会发展至今所遇到的种种现实问题的基础上，更致力于引领人类社会未来发展的新道路。在这个方面，霸权国家已经带偏了方向。霸权国家把基于自身狭隘利益的价值观体系视为放之四海而皆准的"普世价值"，利用其军事和科技的优势，强行推销给世界各国。毫不夸张地说，现在世界上处于混乱的国家无不与此相关，曾经势头很猛的"颜色革命"让诸多国家陷入水深火热之中。共建"一带一路"倡议所秉持的"和平合作、开放包容、互学互鉴、互利共赢"的丝路精神，始终坚持的"共商共建共享"原则，并不是难以捕捉、放之四海而皆准的"普世价值"，而是基于各个国家和民族而又超越各个国家和民族价值追求的"共同价值"。全人类共同价值是符合全人类理想、维护全人类根本利益、代表全人类前进方向的价值观，在众多层面超越了基于地域主义的西方所谓"普世价值"。

经济全球化的出现和发展与新自由主义的流行密不可分。以20世纪70年代的两次世界石油危机为标志，西方发达国家结束了"二战"后长达20多年的繁荣期，陷入了严重的"滞胀"。为了摆脱困境，一方面英、美等国纷纷放弃"凯恩斯国家福利主义"政策，转向减少政府干预及全面私有化的新自由主义"药方"；另一方面开始大规模输出资本和向海外转移产业，进入资本主义全球扩张阶段。为了满足资本输出的需要，新自由主义被奉为推行投资和贸易自由化的理论依据。其典型事件是美国主导的、为拉美国家和东欧转型国家开出的"药方"，即"华盛顿共识"。其中核心是贸易经济自由化、完

---

① 习近平. 论坚持推动构建人类命运共同体[M]. 北京：中央文献出版社，2018：7.

全的市场机制和全盘私有化。从结果来看，被"华盛顿共识"这一"药房"治疗的国家中几乎没有成功摆脱增长困境的，而将政府干预同市场有机结合的中国实现了经济的腾飞。可以说，以新自由主义思潮为基础的经济全球化塑造了过去30年的世界格局，而金融市场的新自由主义管制方式则导致了2008年的全球金融危机。因此，在新自由主义经济全球化下，资本是最大的赢家，而社会付出了巨大代价。在此背景下，无论是美、英等发达国家还是以中国为代表的发展中国家，都在思考推动经济全球化进一步发展的治理模式改革。在这方面，共建"一带一路"倡议是一个有益的尝试。

20世纪80年代以来，中国通过渐进式的改革开放不断深入地参与了经济全球化的进程，一方面通过引进资本、技术和管理经验等推动了自身经济的腾飞，另一方面则逐步建立起适应经济全球化的治理机制。应该承认，中国经济的高速发展得益于经济全球化，但同时中国也对世界经济增长作出了巨大贡献，改变了世界经济格局。从更长的历史时期来看，过去30多年，中国经济的崛起是近一个世纪以来世界经济格局的最大变化，也是300年来世界格局变化中屈指可数的重大事件。随着中国的崛起，目前东亚地区经济总量占世界的比重已经超过美国。这意味着"亚洲世纪"已经来临。如何更好地带动亚洲乃至世界的经济增长，是中国作为一个大国不得不担负的责任。中国采用什么机制"走出去"，是新自由主义的全球化机制还是包容性全球化机制，将影响一大批国家。而通过共建"一带一路"倡议来完善经济全球化的机制，尽可能避免其带来的负面影响，既符合中国"走出去"的需要，也是让全球化惠及更多国家和地区的需要。

可以说，共建"一带一路"倡议是化解人类社会发展至今、全球化发展至今、霸权主义发展至今所带来的种种问题乃至危机的解决方案，是解答世界各国各民族"努力方向"问题的答案。而共建"一带一路"倡议的全球传播，是将这种解决方案和问题答案呈现给世界的过程，也是将中国智慧和中国方案呈现给世界的过程。它向世界传递了一个信号：在全球化时代，我们应该以更加开放、包容、合作的态度面对挑战与危机，共同探索出一条符合人类社会发展规律的新型发展道路。共建"一带一路"倡议的全球传播，为世界贡献了一个突破经济发展瓶颈的完整方案——通过政策沟通、设施联通、贸易畅通、资金融通、民心相通，推动区域经济一体化和共同繁荣，为世界经济增长提供新动能。

二、加强国际合作，建构全球治理新模式

（一）人类命运共同体理念为全球治理提供新思路

党的二十大报告指出："当前，世界之变、时代之变、历史之变正以前所未有的方式展开。一方面，和平、发展、合作、共赢的历史潮流不可阻挡，人心所向、大势所趋决定了人类前途终归光明。另一方面，恃强凌弱、巧取豪夺、零和博弈等霸权霸道霸凌行径危害深重，和平赤字、发展赤字、安全赤字、治理赤字加重，人类社会面临前所未有的挑战。世界又一次站在历史的十字路口，何去何从取决于各国人民的抉择。""二战"后建立的全球治理体系体现出诸多不适，时常陷入治理失灵、失效甚至是失败的境地，全球治理迫切需要新理念新思路，需要世界各国携手团结应对。

全球治理首先是从各个国家的"国家治理"开始的，这符合马克思主义的历史唯物主义原理，社会存在决定社会意识。国家治理有丰富的普遍性内涵，但首先又基于各个国家国情的特殊性的一面。国家治理立足于"国家"，国家发展至今，已经不仅是具有政治属性的共同体，它同时具有政治治理功能、发展经济功能、繁荣文化功能，等等。这一切综合在一起被称为"国家利益"。国家利益作为国家治理中的基石性范畴，持续左右着国家治理的价值观念和制度设计。

毫无疑问，世界上各个国家的治理理念都是以本国的国家利益为基础的，然而也正因如此，利益不同甚至冲突就构成了全球治理的价值观念体系和制度设计理念的障碍。在这种情形之下，由霸权主义国家所建构和倡导的所谓种种具有"全球性"的观念体系就开始凌驾于各个国家的利益之上。在此基

础上所形成的治理体系和"美好世界"自然而然地成为少数人享受的权力。放眼望去,现在世界上已经有很多国家陷入了这种充满着等级的不平等的框架结构之中。①

因此,基于这一现实形势,力求打破这一由霸权国家所主导的不平等秩序,共建"一带一路"倡议聚焦发展道路这一话题,就是要旗帜鲜明地主张超越各自国家的国家利益,把"国家治理"从价值观念的追求和设计上提升到"全球治理"的境界和高度。共建"一带一路"是中国推动世界互联互通、增添各国共同发展新动力、克服当前全球治理危机所提出的重大倡议,是中国秉持人类命运共同体理念、积极参与全球治理的重要实践,展现了中国以开放的态度广交朋友、以团结的精神守望相助、以担当的作为推进共赢的大国风范,其重要时代价值和深远国际影响日益彰显。

(二)全球治理的中国智慧:共商共建共享

共建"一带一路"倡议以"共商共建共享"为原则,积极倡导合作共赢理念与正确义利观,坚持各国都是平等的参与者、贡献者、受益者,推动实现经济大融合、发展大联动、成果大共享。共建"一带一路"倡议不是中国一家的独奏,而是各方的"大合唱",倡导践行真正的多边主义,坚持大家的事由大家商量着办;坚持各方共同参与,各自发挥自身比较优势,加强各领域合作,共同发展;确保参与的各国各地区都能享受到经济发展的成果。② 共建"一带一路"倡议作为一种新的发展框架,能够促进各民族之间的共享发展,能够实现不同国家之间的互利共赢,在推动全球社会共同进步的过程中发挥着巨大作用。

---

① 刘同舫.构建人类命运共同体对历史唯物主义的原创性贡献[J].中国社会科学文摘,2018(11):23-24.
② 欧阳纬柠.共建"一带一路"倡议的价值意蕴、建设成果与实践深化路径[EB/OL].(2024-05-15)[2024-08-30].Http://www.rmlt.com.cn/702659.shtml.

（三）为全球治理体系变革完善提供中国方案

当下，世界之变、时代之变、历史之变正以前所未有的方式展开。面对层出不穷的全球性挑战，单打独斗行不通，必须开展全球行动、全球应对、全球合作。共建"一带一路"倡议的全球传播就是要将共建"一带一路"倡议所蕴含的理念、秉承的态度、坚持的原则，以及发展框架和模式，以整个世界为范围进行传播，一方面是为了扩大"一带一路"建设本身的影响力，另一方面也是为全球治理体系变革完善提供中国方案。10年来，在各方的共同努力下，共建"一带一路"从中国倡议走向国际实践，从理念转化为行动，从愿景转变为现实，从谋篇布局的"大写意"到精耕细作的"工笔画"，取得实打实、沉甸甸的成就，成为深受欢迎的国际公共产品和国际合作平台。通过共建"一带一路"倡议的全球传播，我们向世界传递出中国致力于构建人类命运共同体的坚定信念，展现出中国作为一个负责任大国的担当与智慧。

三、推动文化交流，催生交流互鉴新文明

作为构建人类命运共同体的重要实践平台，共建"一带一路"倡议遵循文明发展规律，促进文明价值共通、文明成果共享，推动文化交流，能够实现人类文明交流互鉴，进而催生"人类交流互鉴新文明"。以什么样的态度对待不同文明，事关人类文明发展进步。习近平总书记指出："人类文明多样性是世界的基本特征，也是人类进步的源泉。"在人类发展的历史长河中，特色各异的多种文明在不断的交流互鉴中，推动着社会发展，塑造着全球化时代世界的基本样貌，为克服全人类面临的共同危机挑战提供多种多样的方案。同时，文明通过交流互鉴，不断丰富，焕发生机、保持活力。可以说，人类文明的多样性是客观存在的事实，是人类社会发展的必然产物，是历史的时势所趋，我们应顺势而为，尊重世界文明多样性，坚持文明平等、互鉴、对话、包容，以文明交流超越文明隔阂、文明互鉴超越文明冲突、文明共存超越文明优越。人类文明交流互鉴就是承认文明的差异性、尊重文明的独特性。

对待不同文明要秉持平等和尊重，摒弃傲慢和偏见，推动不同文明交流对话、和谐共生。中国几千年优秀传统文化博大精深。其中"和合文化"奠定了催生新文明的"底色"。

和合文化是中国在其几千年发展过程中所凝聚的文化精髓。"和合"理念强调共赢共生，"和"指的是和谐、和平、中和等，"合"指的是汇合、融合、联合等。联合国前副秘书长埃里克·索尔海姆在发言时说，和合文化的核心是和谐与团结。国际特殊奥林匹克运动会执行委员会委员皮特·斯蒂尔认为，和合文化的理念是世界和谐共处、求同存异之道。党的十八大以来，面对错综复杂、瞬息万变的国内外形势，以习近平同志为核心的党中央充分挖掘中华民族"和合"文化的内涵意蕴与当代价值，创造性地提出了人类命运共同体理念，实现了中华民族"和合"文化的创造性转化、创新性发展。可以说，中华民族"和合"文化为推动构建人类命运共同体提供了坚实的文化基础和丰富的思想资源，为新时代新征程建设人与自然和谐共生的现代化凝聚了精神力量，为世界人民处理人与自然、国与国之间的问题贡献了中国方案和中国智慧，也为世界各国推进文明交流互鉴提供了宝贵经验和重要启示。① "和合文化"以其强大的精神力量，把人类命运共同体理念向全球传播。

（一）"人心和善"的个人道德观

"人心和善"有极为深刻丰富的内涵。"人心和善"的核心是"仁"，即"仁者爱人"。"仁"贯穿中国传统道德观念发展的全部历史，是人心和善的根源，是中华传统道德文化的"金律"。"仁"的宇宙观基础是"天人一体"，所谓"仁爱"的根源、目的和归宿都是"天人一体"。"仁"，必然追求"仁爱"，从自身修养上下功夫，"反求诸己""为仁由己"，然后才是"推己及人""修己安人""己欲立而立人，己欲达而达人"。

---

① 吴宁，钮翔宇.挖掘"和合"文化当代价值 构建人类命运共同体[N].南京日报，2024-11-13.

(二)"和而不同"的社会观

确立"和合文化"的理念,必然会从个人精神世界延展到外部社会之中,进而也就形成了"和而不同"的社会观。在和合文化看来,社会是"分殊一体"的存在,既有性别、年龄、能力、性格、健康水平的差异,也有民族、宗教、地域、阶层、组织、职业、群体的不同。因而只有奉行"和而不同"的社会观,尊重彼此的独特性,"己所不欲,勿施于人",承认差别,坚持"和合",才能合力、合生、合美、合久。一个社会能否保持良性的发展态势,不是取决于"一刀切"的价值判断标准,而是在尊重社会生态多样性的基础上,努力实现各领域对话的可能性,在对话的过程中,尊重个性,达成共识,这是现代社会治理的和合境界。

(三)"协和万邦"的国际观

中华民族爱好和平,崇尚以和为贵,"亲仁善邻",尊重文明的多样态,在彼此尊重互助的基础上,相互合作,彼此借鉴,谋求共同发展,努力构建人类命运共同体,实现国家之间的互信互助,互学互鉴。回溯中国绵延几千年的历史,从西周开始,中国就产生了"天下"的观念,"以天下观天下"正是中国传统的世界观。"以天下观天下"与西方世界观的"以国家观世界"截然不同,它以中华文化所特有的"家国天下"为根基、为视野、为情怀,形成"天下一体""协和万邦"的国际观。

(四)"天人合一"的宇宙观

人与自然关系是人类社会最基本的关系。中国传统文化讲求人与自然的和谐,人是自然的一部分,所谓"天人合一""天人一体""天人为一"。众所周知,生态环境问题是一个全球性的共同问题。从天人合一的宇宙观出发正确处理人与自然的关系,爱护自然,保护自然,是全球面临的共同挑战和共同责任。

四、肃清国际舆论，厘正全球传播新秩序

当前，全球传播秩序的失衡成为全球传播的壁垒，也反映了当今全球传播秩序有待改善的客观需求。

在当下全球传播秩序下，西方国家依靠自身强大的经济、技术实力，控制着世界主要的新闻生产，导致信息传播秩序在全球范围内始终处于复杂的失衡状态，几乎全部从西方媒体大国流向发展中国家，由此形成了西式话语体系和西方霸权主义。由于较早开启的现代化进程，西方国家所主导的不平等的话语观念与表达体系长期在世界上占据主流地位，其文化和价值观广泛传播。同时由于发达国家在早期占据了资源、技术、市场等全球传播优势，形成了"数字鸿沟"①。"数字鸿沟"又被称为"信息鸿沟"，指的是"信息富有者"与"信息贫穷者"之间的两极分化现象。这样的"数字鸿沟"一直在扩大。

全球传播不均衡的态势也催生了国际政治冲突，"数字鸿沟"现象让非西方国家对于西方国家在全球传播领域的控制和垄断产生极大的不满情绪，这种不满情绪极易在互联网上面集聚并带来政治效应。② 长期以来，一些西方国家对中国一直存有偏见、误解和疑虑，而西方主流媒体在人们头脑中构建了一种相对稳定的认知框架，使国际社会一些民众对中国存有误解误读和负面认知。这就需要我们加强国际传播能力建设，全面提升国际传播效能，在不断优化传播途径的同时，扩大传播影响力。

随着新一代信息通信技术加速融合创新，数字化、网络化、智能化在经济社会各领域加速渗透，各国相互联系、相互依存的程度空前加深，人类面临诸多共同挑战，需要解决许多全球性问题，诸如生态环境问题、资源短缺

---

① 数字鸿沟（*Digital Divide*），是指在全球数字化进程中，不同国家、地区、行业、企业、社区之间，由于对信息、网络技术的拥有程度、应用程度以及创新能力的差别而造成的信息落差及贫富进一步两极分化的趋势。
② 申琰.互联网与国际关系［M］.北京：人民出版社，2012：87-88.

问题、跨国犯罪问题等。现在兴起的所谓"全球公民社会",意在通过社交网络唤醒公众的共鸣和支持,形成强大的全球公共舆论氛围,以更加灵活有效地解决这些全球性问题,进而达到全球治理的目的。当然,全球治理的发展面临着巨大的困难。比如,全球治理的议题主要还是以主权国家为基本运作单位,各国在综合国力上存在着较大差距,由此生发出全球治理价值和目标上的巨大差距。再比如,现存的全球治理体系存在着严重的不足,全球治理的许多规则不合理,全球治理机构的权威性严重不足,全球治理主体之间不平等,众多的全球治理领域还缺乏有效的国际规制,主权国家之间缺乏足够的相互信任,联合国体系、政府间国际组织和全球公民社会组织在全球治理中没有发挥应有的作用,等等。

当前,全球治理领域中的互联网治理是公众关注的焦点,亦是构建网络空间命运共同体、完善全球传播秩序的关键议题。互联网的出现极大地改变了全球传播的面貌,从最早的国际信息新秩序讨论,再到信息社会世界峰会、全球网络安全辩论,都是世界范围内对于全球互联网治理的探索样本。[1] 当前全球互联网治理能力与全球互联网网络治理需求之间存在的巨大鸿沟,是全球互联网治理领域需要面对的核心问题之一。

在共建"一带一路"倡议的发展框架下,中国努力推动全球互联网基础设施的建设,进一步实现全球互通互联,促进世界经济的共同发展。其中,中国倡导并发起举办的世界互联网大会,旨在搭建中国与世界互联互通的国际平台和国际互联网共享共治的中国平台,使各国能够通过所搭建的开放平台,加强彼此之间的交流,增进相互之间的合作,对网络空间进行更为科学合理的利用,保证网络空间的安全性,并形成针对网络空间的多边治理。

在共建"一带一路"倡议的推进过程中,中国积极传播并推动共建"一带一路"倡议的落实。"一带一路"倡议提出的时间不长,国际社会对它并不一定了解,甚至还可能会产生误解、曲解。因此,驳斥负面舆论评价,营造良好舆论氛围,推进共建"一带一路"倡议经贸合作在全球范围内的良性发

---

[1] 徐培喜. 全球传播政策:从传统媒介到互联网[M]. 北京:清华大学出版社,2018:1-6.

展,是当下共建"一带一路"倡议绕不开的课题和任务。从全球传播角度来看,对共建"一带一路"倡议所面临的舆论困境及传播策略进行深入研究,有助于我们在新形势下更好地应对舆论抗争,为共建"一带一路"营造良好的舆论氛围,同时也有助于为中国及相关国家政策制定者提供更科学的决策依据,全面推动共建"一带一路"高质量发展。

第二节 共建"一带一路"倡议全球传播多元模型

在现有研究中,有关"一带一路"倡议的传播研究大量集中于实证的、量化的传播效果研究,并未形成共建"一带一路"倡议的全球传播模型,究其原因,莫过于共建"一带一路"倡议虽然有所涉足传播学领域,但其核心并不完全聚焦于此。而且,多数研究仅从话语、舆论等单一角度展开,缺乏系统性和多元性。因此,对于共建"一带一路"倡议的全球传播而言,建立系统而多元的传播模型显得尤为重要。

构建共建"一带一路"倡议全球传播模型,对于深入研究共建"一带一路"倡议的全球传播具有重大意义。该模型将成为我们深入洞察倡议传播规律、评估传播效果的有力工具,它能够让我们从不同角度、不同层次探究共建"一带一路"倡议在不同地域、不同文化背景下的传播特点,分析各利益相关方在传播过程中所扮演的角色和发挥的作用,了解不同受众对共建"一带一路"倡议的接受度和认知度,进而发现传播中的堵点、瓶颈和挑战,为优化传播策略提供科学依据。

构建共建"一带一路"倡议的全球传播模型需要遵循以下原则以确保模型的有效性。首先,必须坚持全面性原则,即充分考虑共建"一带一路"倡议涉及的多元领域和复杂背景，确保该模型能够全面反映出共建"一带一路"倡议的传播特点。其次，科学性原则至关重要。建构模型以现有的传播学理论为基础，同时保持一定的灵活度以适应共建"一带一路"倡议全球传播的特点。最后，动态性原则也不可忽视，因为共建"一带一路"是一个不断发展的过程，该模型需要能够灵活适应共建"一带一路"倡议的全球传播阶段的变化，并具备相应机制对突发性传播事件做出回应。因此，本节将以相关传播学理论为基础，结合共建"一带一路"倡议全球传播的传播特点，构建共建"一带一路"倡议的全球传播多元模型，并详细阐释该多元模型的结构以及信息流动机制，以形成一个更全面、更深入的理论框架，指导共建"一带一路"倡议在全球范围内实现系统性的有效传播。

一、共建"一带一路"倡议全球传播多元模型理论基础

美国政治学家哈罗德·D. 拉斯韦尔（Harold D. Lasswell）在其1948年发表的《传播在社会中的结构与功能》(*The Structure and Function of Communication in Society*)一文中，最早以建立模式的方法对人类社会的传播活动进行了分析，提出了5W传播过程模式。这一模式界定了传播学的研究范围和基本内容，影响极为深远。拉斯韦尔的5W模式为线性传播过程模式（见图2-1）：谁（Who）→说什么（Say what）→通过什么渠道（In which channel）→对谁说（To whom）→产生什么效果（With what effects）。这五个要素又由此构成了传播学研究对象的五大领域，即控制分析、内容分析、媒介分析、受众分析和效果分析。

虽然这个模型由于太过简单，存在诸如将信息的流动看作是直线的、单向的，没有注意信息回路和反馈，将传者和受者的角色固定化，忽视了传播的双向性，以及将传播的过程看作是孤立的过程，没有涉及传播过程和社会过程的联系等缺点，但作为传播学原始分析框架之一，这个模型为后来的传播学发展奠定了研究基础和方向。也正是因为这个模型具有简单明晰的特点，

其为传播学研究提供了有效的思路和抓手。5W 模型抓住了传播过程的核心要素，让信息流动的初始过程较为清晰、全面和完整。因此，以 5W 为基础建构共建"一带一路"倡议的全球传播模型最为合适。

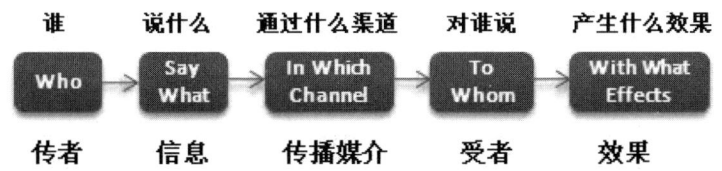

图 2-1　拉斯韦尔 5W 传播过程模式

二、以 5W 模型要素为基础的共建"一带一路"倡议全球传播多元模型

由于真实世界传者和受者的身份无法剥离，因此本书构建的模型以信息主体［包括 5W 模型中的传者（Who）和受者（To Whom）］为核心，信息沿着箭头的方向进行流动。

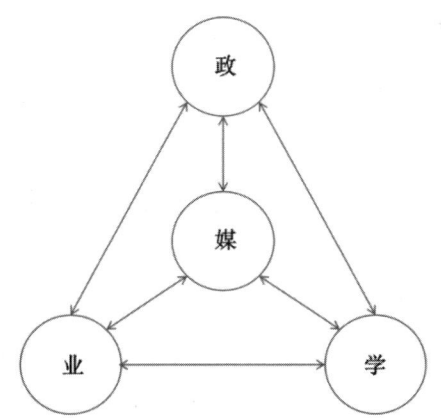

图 2-2　共建"一带一路"倡议全球传播多元模型——初始形态

在探讨共建"一带一路"倡议下的信息传播模型时，我们首先将其简化为一个以单一国家为基础的互动网络。这个网络由四个核心主体构成，每个主体都扮演着不可或缺的角色。首先，"政"代表政府部门，是政策制定者和

推动者；其次，"业"代表与"一带一路"密切相关的行业、企业、银行融资机构以及社会机构，它们是倡议的实施者和受益者；再者，"学"代表学界，包括大学、研究院、智库等研究机构，为共建"一带一路"提供深入的理论支撑和策略建议；最后，"媒"代表媒体，是信息的传播者和舆论的引导者。

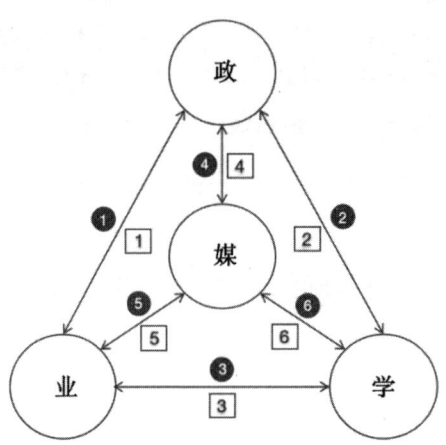

图 2-3　共建"一带一路"倡议全球传播多元模型——信息互动网络

在图2-3这个模型中，信息沿着特定的箭头方向在四方主体之间流动，形成了复杂的传播网络。为了更清晰地展示信息的传播路径和方式，我们引入5W模型进行分析。其中，传播内容（What）由箭头上圆圈内的数字所代表，涵盖了政策文件、经济数据、行业动态、研究报告和新闻报道等多种类型的信息。这些信息是连接各方主体的纽带，也是推动共建"一带一路"倡议不断向前的动力。传播渠道（Which Channel）则由箭头下方的正方形内数字所代表，它们构成了信息的传输路径和媒介。这些渠道包括政府部门间的公文传递、企业间的商务合作、学界间的学术交流以及媒体间的新闻共享等。这些渠道的多样性确保了信息的广泛传播和有效沟通，为共建"一带一路"倡议的顺利实施提供了有力保障。

通过这一简化的模型，我们可以更加直观地理解共建"一带一路"倡议下的信息传播机制，以及各方主体在其中的作用和责任。同时，也为进一步探索和优化信息传播路径提供了有益的参考。

(一)政府与业界之间的信息流动

政府通过制定和发布共建"一带一路"政策文件、规划报告等,为业界提供了明确的指导和发展方向。同时,业界也积极响应政府的号召,通过参与政策讨论、提出建设性意见等方式,参与到政策的制定和完善中来。这种信息的互动不仅增进了政府对业界需求的了解,也为业界的创新发展提供了广阔的空间。

政府利用多种渠道与业界进行沟通和交流。一方面,政府部门通过召开新闻发布会、举办行业研讨会等形式,与业界代表面对面交流,分享最新的政策和市场动态;另一方面,随着信息化的发展,政府还积极利用网络平台和社交媒体等工具,拓宽信息传播渠道,提高信息传递的效率和准确性。与此同时,业界也积极主动与政府建立沟通机制,通过参与政府采购、提供专业服务等方式,与政府形成紧密的合作关系。

(二)政府与学界之间的信息流动

在共建"一带一路"的进程中,政府与学界(研究机构)之间的信息交流与合作显得尤为关键。政府通过发布一系列政策文件、规划报告等,为研究机构提供了明确的研究方向,确保研究活动与国家战略和经济需求紧密契合。同时,研究机构积极响应政府的研究需求,通过参与课题研讨等方式,为政府提供科研创新和政策建议支持,推动共建"一带一路"倡议决策的科学合理化。

政府利用官方网站、新闻发布会和社交媒体等渠道发布政策文件和相关信息,以便学界(研究机构)及时了解政策动态和研究需求。同时,政府也会通过这些渠道收集研究机构的反馈和建议,以改进政策和项目的设计和实施。研究机构通过公开发表论文和课题研究成果等,为政府部门提供智力支持。此外,政府和学界之间通过学术会议、研讨会和工作坊等形式进行深入的交流和讨论。这些活动促进了双方之间的知识传递和技术分享。同时,政府与学界还会就特定研究项目开展合作,共同设计并实施合作项目,这种合作模式能够充分整合双方的优势资源，打通信息流动渠道，从而进一步推动科学研究和经济社会发展的深度融合。

（三）学界和业界之间的互动

在共建"一带一路"的进程中，作为知识创新的源泉和决策支持的重要基础，学界的深入研究和专业分析为项目规划提供了有力支撑；而业界的实践经验和市场需求反馈则不断推动学界的理论创新和应用拓展。在学界方面，智库、高校、研究院等通过广泛收集并分析各类数据资料，运用多学科交叉的研究方法，对"一带一路"共建国家的政治、经济、文化和社会等多方面进行深入研究。他们不仅关注项目的经济效益，还注重评估项目的社会效益和环境影响，力求为决策提供全面、科学的依据。同时，学界还通过举办学术研讨会、发布研究报告等方式，将研究成果转化为政策建议和实践指南，为业界的实际操作提供指导。

在业界方面，共建"一带一路"倡议融资机构、国企等项目规划建设实施单位则根据学界的理论成果和政策建议，结合自身的业务需求和市场化运作机制，制定出切实可行的项目规划和实施方案。他们在项目实施过程中，不断总结经验教训，优化资源配置和管理流程，确保项目的顺利实施并取得预期成效。同时，业界也积极向学界反馈市场信息、用户需求等方面的变化，促进理论与实践的紧密结合。

这种双向的信息流动主要通过以下几种渠道实现：一是学术会议和交流活动，为学界与业界搭建了沟通桥梁；二是研究报告和政策建议的发布与传播，使研究成果能够迅速转化为实际应用；三是企业与研究机构的合作项目和联合研发平台的建设，进一步加深了双方的合作与交流层次。这些方式和渠道的有效衔接，共同推动共建"一带一路"倡议建设的不断深入发展。

（四）媒体与政府之间的信息流动

在共建"一带一路"倡议的宏伟蓝图中，政府与媒体之间的信息沟通显得尤为关键。这种沟通并非单向传递,而是双向互动、多维交织的。政府本身也承担着一部分大众传播的职能,让传者和受众之间的界限模糊化,从而实现更好的传播效果。政府通过召开新闻发布会、记者招待会等,及时通报政策动向、项目进展情况,确保媒体能够获取第一手权威信息。同时,政务微博、微信公众号等新媒体平台也为政府提供了更加便捷、高效的沟通渠道,使得政策信息能够迅速、广泛地传播给公众。政府官方网站作为展示政府形象、发布政策信息的窗口,其信息的准确性和权威性不言而喻,成为媒体获取权威数据的重要来源。

除了传统的信息发布渠道外,政府还积极与主流媒体建立合作关系,共同策划和推出系列报道,深入解读共建"一带一路"倡议的内涵与意义。这种合作不仅增进了政府与媒体之间的紧密联系,也拓宽了信息传播的广度和深度。此外,政府还充分利用国际传播渠道,如国际电视台、国际广播电台等,将中国立场、中国方案传递给世界,增进了国际社会对共建"一带一路"倡议的了解与支持。

随着社交媒体平台的兴起,政府也开始利用这些平台进行信息沟通与互动。在推特、脸书等平台上,政府不仅发布政策信息,还积极回应社会关切,与网民进行互动交流,进一步拉近了与公众之间的距离。这种多元化的信息沟通渠道不仅丰富了政府与媒体之间的合作形式,也提升了信息传播的效率和效果,为共建"一带一路"倡议的深入推进提供了有力支持。

(五)媒体与业界之间的信息流动

在共建"一带一路"的进程中,媒体与业界之间的信息流动呈现出多维度、立体化的特征。一方面,媒体通过及时报道共建"一带一路"倡议的最新动态、政策解读和项目进展,为业界提供了全面、准确的信息支持。这些报道不仅有助于业界了解合作伙伴的需求和市场变化,还能为其制定战略规划和业务决策提供参考依据。另一方面,媒体还积极搭建交流平台,推动业界之间的对话与合作。例如,"一带一路"媒体合作论坛等活动的举办,为各国媒体提供了展示成果、分享经验、探讨合作的契机,也为业界打开了信息沟通渠道，促进了信息的流通和传播。

与此同时，业界也充分利用媒体资源，通过与媒体的深度合作来扩大自身的影响力，提升品牌形象。这种合作模式不仅有助于业界拓展国际市场，还能加强其与目标受众的联系和互动，实现互利共赢。在共建"一带一路"的进程中，业界与媒体之间形成了紧密的信息联动机制，共同推动项目成果的广泛传播。这种良性互动不仅加深了各方对共建"一带一路"倡议的理解和认同，也为未来的深度合作奠定了坚实基础。

（六）媒体与学界之间的信息流动

在共建"一带一路"的进程中，媒体常常将学界的研究成果和政策建议转化为公众易于理解的新闻资讯和传播内容，促进了信息共享和理解沟通。此外，媒体还积极搭建国际交流平台，推动学界、业界以及政府之间的对话与合作，进一步扩大了共建"一带一路"倡议的国际影响力。

在全球传播时代，学界在一定程度上已经成为影响乃至改变全球政治、经济、外交格局的重要力量，并被许多国家视为"新型国家软实力"的重要组成部分，在政府政策方针制定和形成过程中扮演着重要角色。不仅如此，学界更是舆论产生的重要源头。目前对于学界（包括研究机构、专家学者等）影响力的评价，不仅仅关注的是其研究的质量，还包括其研究能否进入公共领域，影响"有影响力"的人，因此在公共视野的曝光度对学界各主体来说极为重要。为了扩大影响力，学界一向重视与媒体的互动。比如，在传统媒体时代，举行新闻发布会，在重要报纸、杂志上设置专栏等是学界扩大影响力的主要方式。而在新媒体时代，学界更是通过自身的官网、博客、社交网站等主动进行信息传播。

如果将模型放置在全球传播的场域中，则每个国家内部的信息传播系统都可以简化为单独的个体模型，通过国际传播与信息联动，全球传播中两个国家之间的共建"一带一路"倡议传播模型（也可称作二元模型）可以简化成以下模式（见图2-4）：

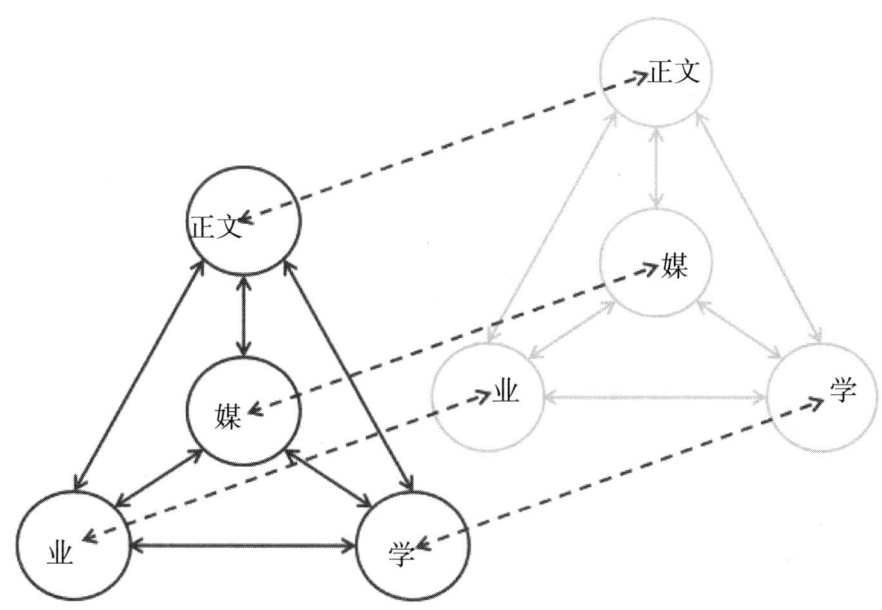

图 2-4 共建"一带一路"倡议全球传播二元模型

在图 2-5 这个简化的模型当中,两国之间同业信息交流占主导地位,例如,政府首脑互访、媒体评论互引、学界学术交流研讨、业界展开业务合作等。当然,也存在着媒体采访他国领导人、政府聘请国际专家等特殊的交流方式,在模型里没有予以具体体现。如果把这种二元模型(两国模型)转化为多元模型(多国模型),则会出现如图 2-5 所示的模型:

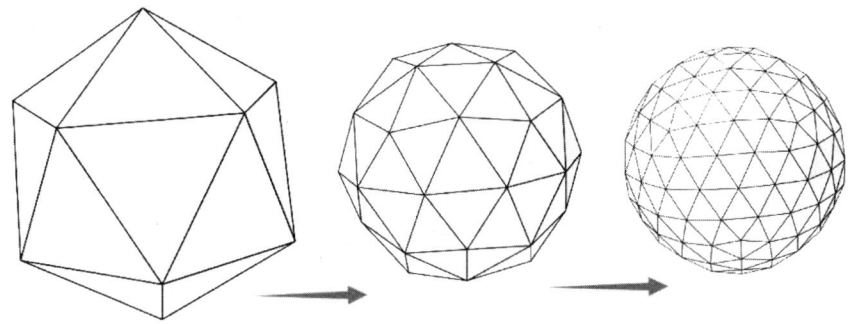

图 2-5 共建"一带一路"倡议全球传播二元模型向多元模型转化的过程

该共建"一带一路"倡议全球传播多元模型仿佛是一个巨大的信息网络

球体，完美契合了全球传播中的"全球"性。

三、共建"一带一路"倡议全球传播之信息流动特点

从信息流通与传播角度来看，媒体在各个主体之间扮演着核心角色。习近平主席高度重视媒体在共建"一带一路"中的重要作用。2016年7月，在致2016"一带一路"媒体合作论坛的贺信中，习近平主席指出："媒体在信息传播、增进互信、凝聚共识等方面发挥着不可替代的重要作用。"[①] 当前我国新闻舆论环境发生巨大变化，基于此，习近平同志强调新闻实践要遵循党性与人民性相统一、以马克思主义新闻观为指导、创新为要和正面宣传为主等实践原则，并对我国新闻舆论工作提出了要推动媒体融合发展，推动新型主流媒体建设，新闻工作者要把握新闻传播规律，新闻媒体要提高国际传播能力等论断，这些论断已成为我国新闻业界探索实践的重点。

回到图2-5这个模型中，从传播角度来说，媒体处于核心地位，因此被放在了模型的中间位置（理论上，任何一个主体都可以成为模型的核心）。虽然模型中各个主体之间的线段距离相同，但这只是一种理论上的简化，现实中，模型中各个主体之间的连线并非等距的，因为信息传播力度和频次有弱有强，且每个国家内部模型主体之间信息传播交流的程度也是不同的。在共建"一带一路"倡议全球传播多元模型的信息传播链上，媒体、业界和学界都更加靠近政府，这是由于共建"一带一路"倡议更多的是由政府主导。当然，由于各个国家的体制存在差异，其所勾勒出来的信息流动状态也都不尽相同。

在图2-5这个模型中，没有体现出来的主体是"个人"。作为大众媒体的受众，同时也作为互联网时代社交媒体的生力军，个人在传播活动中扮演的角色越来越重要。图2-5这个模型并没有将其纳入模型的构建，是由于个人

---

① 习近平致2016"一带一路"媒体合作论坛的贺信［EB/OL］.（2016-07-26）［2024-08-30］. https://www.xinhuanet.com/world/2016-07/26c_1119285061.htm.

在共建"一带一路"的进程中所起到的作用相对较弱，且个人受到媒体和意见领袖的影响较大，在共建"一带一路"倡议的相关议题中也并非显性。如果以完善模型的角度将公众纳入多元模型当中去，那么可以考虑在"媒体"这一主体端连接"个人"这一主体，作为互联网时代传者和受者相统一的"个人"，与其他主体的信息流通追随和"媒体"相同的路径。

在共建"一带一路"倡议的全球传播多元模型中，之所以将媒体置于中心位置，是为了体现其最主要和最显著的功能——议程设置功能。议程设置是大众传媒影响社会的重要方式。公众舆论和政府舆论的议程和框架是由大众传媒设置的，当大众传媒决定报道哪些内容的时候，现实世界已经被压缩了。[①] 议程设置理论最早由麦克斯韦·E. 麦克姆斯（Maxwell E. McCombs）和唐纳德·肖（Donald L. Show）在1972年的论文《大众媒介的议程设置功能》（The Agenda-setting Function of Mass Media）中提出。媒介的议程设置功能就是媒介为公众设置"议事日程"的功能：通过反复播出某类新闻报道，以强化该话题在公众心中的重要程度。也就是说，某一问题若被大众媒介所关注，那么该问题在公众心目中的重要位置及熟悉程度就会得以提升。[②] 这一理论揭示了长期被回避的问题，即大众传播背后的社会控制问题，指出传播背后存在着复杂的政治、经济和意识形态的力学关系。

把议程设置假说应用于研究共建"一带一路"倡议的意义在于，揭示共建"一带一路"倡议话语的客观现实，与经由国外媒体传播到国际社会中的共建"一带一路"倡议话语的拟态现实之间的差异。[③] 在共建"一带一路"倡议由国家领导人的理念、想法逐步转变成实际行动的过程中，政府部门所提供的是官方话语，业界所应用的是专业术语，学界所研究的是学术语言，而媒体所布设重点、反复提及的则是根据不同国家、不同政治经济环境筛选、

---

① 王莉丽. 旋转门：美国思想库研究 [M]. 北京：国家行政学院出版社，2010：84.
② 赛佛林，坦卡德. 传播理论：起源、方法与应用 [M]. 郭镇之，等译. 北京：华夏出版社，2000：247.
③ 赵波，王烨婷. "一带一路"官方话语的议程设置效果研究（2013-2023）[J]. 国际观察，2023（5）：20-49.

提炼、凝练的传播话语。这种"议程设置"功能除了在国家内部推动高效沟通与高质量建设以外，在与共建国家国际交流、与全球国家国际传播、在全球范围内建构形象等方面，具有更重要的作用。

然而，媒体的这种"议程设置"功能，其有效性也是有限的。研究表明，虽然共建"一带一路"倡议的官方话语可以为国际媒体设置议程，但国家媒体对共建"一带一路"倡议的态度和看法，服务于该国国家利益和外交目标，导致报道内容可能偏离客观事实，产生偏见和误导。与此同时，不同国家、不同文化背景下的受众对共建"一带一路"倡议的理解和接受程度存在差异，这也为信息的有效传播带来了困难。随着新媒体和社交媒体的兴起，信息传播渠道更加多元化和复杂化，信息的真实性和可信度也面临着更大的挑战。如何推进共建"一带一路"倡议的有效全球传播，这将是本书后续几个章节所研究的核心主题。

第三章
共建"一带一路"倡议全球传播面临的困境

客观地说，在过去的十年时间里，伴随着共建"一带一路"取得的历史性成就，共建"一带一路"倡议的全球传播也取得了一定的效果。然而，步入 21 世纪以来，世界进入"百年未有之大变局"，国际形势深刻复杂演变，不稳定性、不确定性显著上升。新冠疫情的全球性肆虐和逆全球化思潮的翻卷，以美英为首的西方国家对中国的"逢中必反"，等等，均对共建"一带一路"建设造成了严峻的现实挑战，抹黑、歪曲"一带一路"之声不绝于耳。理性地研判这种困境，是进一步有针对性地提高共建"一带一路"倡议全球传播效果的前提。

第一节　利益共享

亚当·斯密认为，人的本性是利己的，追求个人利益是人民从事经济活动的唯一动力。因而，"利益分割"是人类社会活动中的现实准则，"利益共享"也成为人类社会活动中向往和追求的一种理想。前述分析已经表明，共建"一带一路"倡议中蕴含着这种理想。但是，在以民族国家为基本政治单元的人类社会格局中，"国家利益"成为核心原则和交往合作边界，因此，"利益共享"便自然成为共建"一带一路"乃至共建"一带一路"倡议全球传播所遇到的困难。

一、现实中国家间利益的冲突性

世界上存在 200 多个国家和地区，2500 个民族，6000 多种语言，以及多种宗教。因此，零和博弈现象在国家行为主体间普遍存在，并成为这些主体争夺利益的主要方式。这种方式也影响了国家行动选择，很多时候不得不陷入了"囚徒困境"①。世界各民族之间利益难以实现共享，是引发民族冲突的主要原因。

20世纪90年代以来，经济全球化的浪潮席卷全球，经济全球化推动了生产要素的跨境流动和优化配置，这不仅提升了全球生产力，而且促进了各国经济的共同增长，人们的生活水平因为贸易往来而稳步提高。可以说，正是由于经济全球化，世界人民的命运才真正地被关联在了一起。

随着经济全球化的深入，联动式的经济秩序经常会引发一连串的反应：一国发生经济危机，就会涉及他国甚至影响全世界。经济全球化，使得人类命运紧密地联系在一起。与此同时，经济发展不平衡、不充分的问题尤为突出，经济全球化甚至加重了区域内发展不平衡的问题。但是，经济的世界发展不应该是利益冲突和零和博弈，而应该是可持续的合作共赢。改革开放以来，中国经济迅速发展，综合国力与日俱增，国家面貌和人民生活发生了翻天覆地的变化，而其中一个不可忽略的因素正是经济全球化所带来的机会和便利。中国经济已深度融入全球分工体系，中国发展离不开世界，世界发展也需要中国。开放共赢、交融共享始终是中国在经济上拥抱世界的姿态。

国家作为世界格局中不可缺少的内容，从性质上看属于自利的行为体，实现自身利益最大化是每一个国家的目标，所以在国际政治中，不可避免地会存在着各种利益冲突，这种冲突也引发了各领域的分歧。②如何实现各主体之间的均衡，是国际社会解决问题的主要方法。人类命运共同体理念就是从人类社会共同发展的角度、在对人类社会矛盾冲突进行分析的基础上，所提出的能够实现各主体之间均衡的具体方法。

自人类命运共同体理念诞生以来，在中国的倡导下，世界各国纷纷响应。

---

① 囚徒困境是博弈论的非零和博弈中具代表性的例子，用于描述在一种博弈情境下，个体之间可能面临的合作与背叛之间的冲突，反映个人最佳选择并非团体最佳选择。换句话说，行为主体面临选择的两难境地时，往往会趋向于考虑相对利己但是不利于集体最大利益的方式。
② 布尔.无政府社会：世界政治中的秩序研究[M].张小明，译.上海：上海人民出版社，2015：219.

"一带一路"建设取得了丰硕成果：中国已经与150多个国家、30多个国际组织签署了200多份共建"一带一路"合作文件，与共建国家的货物贸易额翻了一番，对共建国家的直接投资增长了80%。这本是将经济发展的蛋糕做大的举措，但许多国家却抱残守缺，从利益冲突的视角看待问题，认为中国运用"一带一路"这种手段为自身攫取利益，却让其他国家陷入"债务陷阱"。

"债务陷阱"由"债务问题"引申而来，原指政府或个人以超过自身收入增长率的利率进行贷款，导致其还本付息以外的经常性支出日益减少。2008年国际金融危机爆发后，有关"中国债务陷阱"的讨论逐渐升温。美国、印度、澳大利亚等国的新闻媒体和学术界频频攻击中国的对外债务政策，试图进一步遏制中国全球影响力扩大。2013年后，随着"一带一路"合作的逐步展开，西方对中国的攻击更加频繁。2016年5月23日，美国《外交事务》（*Foreign Affairs*）杂志发表题为《中国在斯里兰卡的投资：为什么与北京的交往要付出代价》的文章，指责与中国合作导致斯里兰卡债务增加，并"被迫"向中国出租科伦坡港口。2017年年初，印度著名"鹰派"学者布拉马·切拉尼（Brahma Chellaney）发表题为《中国的债务陷阱外交》评论，称"一带一路"倡议中的巨额贷款具有政治意图，旨在用经济手段迫使接受国在政治上"听从"中国，自此"中国债务陷阱论"四起。哈佛大学于2018年受美国国务院资助研究"中国债务陷阱论"，其发表的相关研究成果被世界各大媒体广为传播。同年，美国国务院在其财务报告中特地提及该部门为向全球揭露所谓"中国债务陷阱外交"所做的"努力"，并向国会申请更多资金，以便在下一财年加大反华宣传。①

事实上，所谓的"债务陷阱论"是西方媒体恶意炒作的"话语陷阱"，纯属无稽之谈，许多智库专家和国际机构研究指出，几乎所有"一带一路"项目都是由东道国出于本国经济发展和民生改善而发起的，其遵循的是经济学逻辑，而非地缘政治逻辑。

"债务陷阱"的概念常常基于以下几个误区。

---

① 刘雅菁. 西方在巴基斯坦炮制"中国债务陷阱论"剖析[J]. 公共外交季刊，2023（4）：75-83，134-135.

首先,高债务状况并非总是由"一带一路"投资直接导致的,而是债务国自身经济状况的反映。以巴基斯坦为例,虽然"中巴经济走廊"的多个项目有中国参与,但其中绝大多数为直接投资或援助,而非全部依赖中国贷款。中国的贷款条件通常较为优惠,如低利率和长期还款期限,这实际上帮助巴基斯坦缓解了短期的外债压力。在2023年1月,当国际货币基金组织要求巴基斯坦确保外部融资以维护国际收支平衡时,中国迅速提供了超过20亿美元的贷款援助,且无任何附加条件,甚至免除了额外的利息支付,这表明中国在巴基斯坦的债务问题上提供了实质性支持。

其次,高外债率并不必然导致国家破产。事实上,许多发达国家,如日本(外部债务率高达261.3%)和美国(超过120%),尽管其债务率高,但仍能吸引外资并发展经济。这种差异主要归因于发达国家在全球金融体系中的主导地位和较高的信用评级。发展中国家则可能因债务问题而面临更大的经济压力,但这并非完全由中国等债权国造成,而是与全球金融体系的运作方式和债务国的经济结构有关。

最后,将某一国的经济困境完全归咎于向中国借债是一种简化和误导的观点。一国的经济状况受到多种内外部因素的影响,外债只是其中之一。将债务问题作为经济困境的唯一原因,是一种片面的解读,忽视了经济问题的复杂性和多样性。美国等西方国家经常利用这种观点来误导公众,以掩盖其自身在债务问题上的双重标准和不公正行为。在合作中难免有利益冲突问题,有问题就需要解决,解决问题的过程也是取得经济发展的过程。但如果因为利益冲突而抵抗合作、因噎废食,则是缺乏可持续发展战略考虑的短视之举,最终将损害各国利益、牺牲人民福祉,不会有真正的赢家。

二、共建"一带一路"倡议追求全球利益共享

马克思主义认为"人们所奋斗的一切,都是同他们的利益有关"。阶级斗争的本质是经济利益的冲突,是不同阶级在物质利益上的对立和冲突。[1] 当前

---

[1] 马克思恩格斯文集:第1卷[M].北京:人民出版社,2009:42.

世界上"逆全球化"①潮流出现的内在动因，就是全球化利益的分配不均衡。但是，历史的发展从来都不是一条直线，世界总是在曲折中前进。经济全球化是生产力发展和科技进步推动分工交往扩大、生产要素在全球范围内流动、世界市场和世界历史形成所产生的客观产物，是经济发展的客观规律。尽管在全球化进程中产生了诸多问题，但并不代表"逆全球化"将主导人类未来。今天，人类已经成为你中有我、我中有你的命运共同体。着眼全球共同发展的长远目标和现实需要加强国际合作，共创普惠平衡、协调包容、合作共赢、共同繁荣的发展格局，让各国人民共享经济全球化和世界经济增长成果，这既是中国努力的方向，也是经济全球化的正确方向。②

正是在这种背景之下，中国积极主动地承担起相应的责任，广泛参与国际事务，为全球治理提出中国方案，贡献中国智慧，在国际舞台上发挥着主导作用，成为维护世界和平、促进共同发展的一支重要力量。当以西方为核心的全球化遭遇了逆全球化以及权力转移等诸多不利因素时，人类命运共同体理念的出现、共建"一带一路"倡议的出现，实际上是对全球化的深化和纠偏。③人类命运共同体理念与共建"一带一路"倡议饱含着"全球利益共享"的理想，这种理想将引领建立一个更加开放、包容、和平的人类社会。

第二节 规则共建

在国际交往中，国与国之间的友好相处应遵循一套行之有效的规则，这些规则体现了国际社会对于国家间关系的普遍期望和共同价值追求，不仅为

---

① "逆全球化"特指2008年国际金融危机爆发之后，西方资本主义国家中所发生的经济和外交政策调整、政治形势和社会思潮变化。
② 周嘉昕. "逆全球化"挡不住经济全球化的历史大势 [N]. 光明日报，2023-07-28.
③ 李怀亮. 从全球化时代到全球共同体时代 [J]. 现代传播（中国传媒大学学报），2020,42(6):1-5.

各国间的友好交往提供了指导原则，也为维护国际和平与安全、促进共同发展繁荣奠定了坚实基础。文化之间的交流，一个敏感但无法回避的问题，就是意识形态问题。国与国之间除了利益冲突问题需要解决外，意识形态的不同更是加剧了规则共建的困难。人类认知世界的方式是将复杂的世界标签化、脸谱化。当前世界意识形态的较大差异，正是刻板印象学说的完美体现，即一众西方国家"谈中色变"，这也使得共建"一带一路"倡议在全球范围内的传播遭遇困难。

一、规则共建的重要性

全球化不仅是政治经济的一体化，也是政治经济背后制度规则的一体化。共建"一带一路"倡议，其根本就是要建立国家之间互相尊重、以和为贵、共商共建共享的交往原则，谋求的是共同发展、合作共赢，为彼此搭建对话平台，建立政治互信。

当今世界秩序面临"失序"的危险，人类面临许多全球性问题。只有构建一个平等有序的世界，实施普惠包容的经济全球化，才能推动人类发展的巨轮驶向更加光明的未来。

基辛格认为，过去的历史中，世界各地往往奉行着各自不同的秩序规则：欧洲的均势秩序观、中东的伊斯兰教观、亚洲多样化文化起源下的不同秩序观，以及美国"代表全人类"的世界观。这些不同的秩序观导致国际局势紧张、混乱和无序。这些旧秩序往往会引发社会的动荡，动荡社会中必然会形成新秩序。至于形成什么样的新秩序，则需要对社会未来的发展进行全面评估；各国内部结构各不相同，评估结果也会存在着显著差异，在差异之上所形成的标准并不统一，彼此之间也有可能存在冲突，所以我们这个时代就陷入了矛盾冲突的困境之中，无法实现有效发展。①

经济全球化导致国际关系也在向民主化方向发展。当今世界，尽管国际

---

① 基辛格. 世界秩序 [M]. 胡利平，等译. 北京：中信出版社，2016：487.

关系民主化已成为不可阻挡的时代潮流，但现存全球治理体系中不公正不合理的成分严重制约国际社会团结合作。处于强势地位的国家往往掌握着更多的资源、技术，以及在国际事务方面的话语权，新兴国家亦希望更多地参与国际事务，争取更多的发言权和决策权。与此同时，一批新出现的政府间国际组织和非政府间国际组织，在一定程度上缓解了不平等现象，以和平的方式解决国际争端。

然而，一些霸权主义国家仍然无视国际规则，以霸权践踏国际规则。国际组织虽然在某些特定的经济社会领域能够发挥一定作用，但是在涉及国家间关系核心的政治与安全领域却缺少强制制约的力量，国家之间的不平等关系仍然存在。因此，建立平等关系的首要条件，就是建立国家之间的政治互信。各个国家不同的历史文化、风俗习惯、政治制度和意识形态，是彼此之间形成冲突的客观原因。尊重彼此的文化，形成互商互谅的合作伙伴关系，继而建立彼此之间的政治互信至关重要。一些西方国家总是戴着有色眼镜来看待世界，无论是否是有目的的排除异己行为，还是视角的片面，都阻碍了彼此间政治互信的建立。

其中，"对中关系"的动荡和恶化，直接阻碍了共建"一带一路"倡议全球公平规则的建构。

二、"对中关系"的恶化阻碍规则共建

随着 21 世纪中国经济的高速发展，中美两国在经济体量上的差距正在急速缩小，世界格局由"一超多强"向"两超多强"转变。美国对于中国的崛起十分警惕，在特朗普政府发布的《国家安全战略报告》中，中国被多次提到，以各种方式称呼中国为"战略竞争者"。[1] 自特朗普上任以来，不断地挑衅中国，让中美关系从之前的密切相关转变为目前极其紧张的态势，诸如发动中美贸易战、单方面关闭中国驻美国休斯敦大使馆、新冠疫情期间不断地

---

[1] 刘畅.特朗普《国家安全战略报告》评析[J].和平与发展，2018（1）：43-62，124.

给中国泼脏水，等等。①

中美两国之间的对抗之势本质上的原因是中国的全方位崛起，尤其以经济崛起为首要因素。特朗普上台以后，频繁地通过打出对抗中国的贸易战这张牌，在经贸领域以贸易保护主义为由打压中国，并屡试不爽，逼迫中国在贸易方面进行让步和妥协。自2018年3月开始，美国正式撕下了所有遮羞布，先是对中国发动了维持20多个月的贸易战，自此，对抗中国也成为美国全社会、所有政党屡试不爽的铭牌，包括频繁地对中国企业展开调查、控制欧洲国家对华出口芯片与贸易合作、勒令字节跳动出售Tiktok在美业务甚至威胁关停Tiktok，等等。华为公司作为世界上拥有最先进的5G技术的公司，多次被美国打压、抹黑，甚至劝说其他国家与华为解除合作，都是由于美国害怕失去技术领域的霸权地位。中美两国在经济贸易领域的摩擦，究其深层次原因是随着全球化的逐步深入，新兴国家崛起使美国的霸权地位受到挑战，原有的全球贸易规则与美国自身利益的平衡被打破。虽然在核威慑下，两个超级大国不太可能发生热战，但两国之间的对抗关系已经不言而喻，尤其是在美国内部，抵制"中国"已经逐渐成为所有党派和民众的共识。

在国际事务方面，特朗普执政时期，美国处于战略收缩状态。特朗普政府奉行"美国优先"的策略，自特朗普上任以来，美国先后推出了《跨太平洋伙伴关系协定》（Trans-Pacific Partnership Agreement）、《巴黎协定》（The Paris Agreement），终止《美韩自由贸易协定》（KORUS FTA），单方面退出《伊朗核问题协议》（The Iranian Nuclear Deal）、《中导条约》（Intermediate-Range Nuclear Forces Treaty），以及世界卫生组织。一些专家认为这是美国实力衰退的表现，而另一些专家则并不这样认为。罗伯特·卡根（Robert Kagan）在接受新华社记者专访时说："美国会以自己的方式让其他国家相信，它对于扮演某些国际角色已不再感兴趣，也乐于回避冲突。这会鼓励其他国

---

① 丁晓星，关贵海，庞大鹏，等. 中俄、中美、俄美关系目前各是什么态势[J]. 世界知识，2020（12）：14-15.

家（在触及美国利益时）采取更加激进大胆的举措，然后却愕然发现，美国人并不如他们想的那样宽容。"卡根认为，自建国以来，美国人就认为新大陆"自成天地"，对很多国际事务觉得无关自家痛痒。但一旦某些国家的行为让美国感到"恐惧"或"愤怒"，美国就会以在外界看来非常突兀、好战，甚至"小题大做"的方式猛烈还击。美国在1917年出乎德国预料因潜艇战加入"一战"，在1941年因日本偷袭珍珠港加入"二战"，这种反应模式都是推动因素。问题从来不是美国是否重返世界舞台，因为这是美国的天性，而是美国何时回来。卡根称这种现象为"美国陷阱"。① 各国都应小心谨慎，避免掉入"美国陷阱"。2020年总统大选后，拜登政府正在逐步返回国际事务舞台的中央，既是这种论调的最佳注解。美国的反应模式不会更改，掌控世界是美国政府无法轻易改变的政治基因。

中美两国之间对抗的另外一个原因是美方不断挑起中美两国意识形态之间的对立，并对中国的政治体制加以抨击。冷战思维仍然是很多美国政要看待世界的方式。尽管冷战时期，苏联领导人在表达自己政治立场时采取了更为谨慎的态度，时常探讨共产主义与资本主义和平共处的可能性，然而从西方的视角来看，苏联和中国都是对西方价值观的根本威胁。② 正如王毅外长所言，每个国家所走的道路，都基于各自文化传统和历史积淀。③ 中美双方本应尊重对方的国情，互不干涉内政，而非进行意识形态的对抗，其他国家更不应该受到美方的胁迫在中美之间站队。

在全球传播方面，由于美国总统特朗普自上台以来就开展对中国的恶意宣传，向美国大众灌输"中国盗取美国技术""占美国便宜"等恶意观念，在美国新冠疫情控制不住之时宣扬"武汉实验室泄漏病毒"等荒谬言论，使美国大众舆论对中国的恶意持续走高。2020年5月26日皮尤研究中心发布的民

---

① 严文斌. 百年大变局 [M]. 北京：红旗出版社，2019：63-64.
② 格里菲斯，奥卡拉格汉，罗奇. 国际关系关键概念 [M]. 朱丹丹，译. 北京：北京大学出版社，2015：45.
③ 王毅. 维护中美关系的正确方向 [N]. 环球时报，2020-7-10（14）.

调数据显示，三分之二美国人认为中国没有处理好疫情，84%的美国民众对中国政府的疫情信息持怀疑态度，66%的美国人表达对中国的负面看法，这是该中心自2005年开始调查以来的最高值。①

2020年7月31日，美国总统特朗普宣布，字节跳动抖音国际版TikTok将在美国被禁止运营。8月3日，特朗普再次发出恐吓，TikTok必须在9月15日之前卖给美国，否则必须关门，而且相当一部分钱要交给美国财政部。该禁令并未立即实施，而美国外国投资委员会（CFIUS）随后启动了对TikTok的国家安全审查程序。②从字节跳动张一鸣的内部信中我们得知，字节跳动自2017年起就受到美国外国投资委员会的调查，认为字节跳动在美国的服务有损美国国家安全。到了2021年6月9日，拜登政府发布了新的行政命令，撤销了特朗普时期针对TikTok和微信的禁令。然而，这并不意味着对这些应用的监管有所放松。实际上，相关措施的打击力度甚至超过了特朗普政府时期。2024年4月24日，美国总统拜登正式签署了价值950亿美元的对外援助法案，该法案涉及强制字节跳动剥离旗下应用TikTok美国业务。在相关条款中，字节跳动被限期270天（约9个月）剥离其美国业务，否则将面临美国全国禁令。

封禁中国社交App的真正意图只是针对中国挑起另一轮对抗吗？原因并不这样简单。从2020年年初开始，TikTok就成为全球下载排名第一的应用软件。中国凭借独特的理论优势、道路优势和制度优势以及信息化进程的后发优势，一跃成为当今世界第二大经济体，2023年美国《国家情报战略》报告将其定位为"美国唯一一个既有意图重塑国际秩序，又在经济、外交、军事和技术力量方面越来越有能力做到这一点的竞争对手"。近年来，TikTok以其强劲的增长势头，在全球范围内尤其是美国市场，对传统社交巨头形成

---

① 朱锋，周嘉希.疫情时代美国涉华舆情的恶化：根源与对策[J].对外传播，2020（6）：14-16.
② 闪电新闻.滑向"技术民族主义"？美打压TikTok被批立下"危险先例"[EB/OL].（2020-08-06）[2021-03-03].https://baijiahao.baidu.com/s?id=1674242056884573049&wfr=spider&for=pc.

了有力的挑战。而一直以来，美国通过移动互联网施行全球范围内的意识形态影响和控制，这严重威胁了美国的统治地位。[1] 所以美国将封禁微信和 TikTok 作为遏制中国移动互联网发展的手段。不仅如此，在美国社交 App 上，中国以及中国政府的形象经常被妖魔化，即便是有识之士在美国社交 App 上发布反对言论，也经常被封号或删帖。打压中国社交 App 也是为了继续维持在移动互联网方面美国的霸权主义地位，同时保持美国一贯的话语体系不受威胁。

美国经常诋毁中国的互联网信息管制，认为谷歌等互联网公司无法进入中国是由于中国政府的打压。然而事实并非如此。中国一贯以公平原则处理外国互联网公司进入中国的相关事宜，只要符合法律规定，任何公司都可以在中国境内进行经营。谷歌选择主动退出中国大陆市场也是因为谷歌公司的自主选择，并非中国政府强力干预。中国的做法与美国处理 TikTok 时毫无道理的做法形成了鲜明的对比。美国所谓"互联网自由"只是美国通过网络技术传播其意识形态和价值观的一个噱头，是美国政治"双重标准"的体现。[2]

未来中美两国之间的摩擦将持续不断，摩擦大小以及是否进一步会发生冲突，取决于每次行动的性价比。例如，美国要求中国关闭休斯敦领事馆，而并不是纽约总领馆或者旧金山领事馆，是因为休斯敦领事馆并不像纽约总领馆、旧金山领事馆一样地处商业中心，涉及更多的中美贸易往来，"性价比"更高。中方应理性看待、沉着应对中美之间的摩擦，做好长期斗争和斗争升级的思想准备，有理、有利、有节地回应和反制与处理中美两国的外交事务。同时，中国亦不可放弃积极主动参与国际公共议题，应更深入和广泛地参与全球治理。

在美国的带领下，西方一众霸权主义国家似乎都有"对中关系"恶化的

---

[1] 永洪科技. TikTok 为何被"围剿"？这些数据，真相了！［EB/OL］.（2020-08-06）［2021-03-26］. https://xw.qq.com/cmsid/20200806A0AAME00? ADTAG=amp.
[2] 冷凇，等. 新形势下媒体国际传播与话语权竞争［M］. 北京：中国社会科学出版社，2016：179.

趋势。各国领导人似乎将"对中强硬"作为自己的政治特色,利用媒体进一步挑起对中国的恶意,在台湾问题、新疆问题、俄乌战争问题上屡次挑衅中国。因此,中国所提出的共建"一带一路"倡议能否继续获得认同,将面对更多的挑战。

第三节　文化差异

在前面关于共建"一带一路"倡议的深度解析中,我们已经指出,共建"一带一路"主要发端于中华优秀传统文化中最富生命力的"和合"思想,积淀和蕴藏着深厚的"中华文明"的血统和基因。而共建"一带一路"倡议的全球传播,正是要把这种理念进行"跨文化"的传播,进行不同文明之间的互鉴和融合。因此,共建"一带一路"倡议的全球传播遇到的另外一个难题便是各个地区和国家不同文化之间的差异,以及各个类型文明之间的差异乃至冲突所造成的种种障碍。

一、文化霸权使文化差异转变为文化冲突

我们生活在一个多元文化共生共存的世界。然而,全球化的进程让文化多元性面临危机。早在1996年亨廷顿就提出,冷战后的世界,冲突的基本根源不再是意识形态的和经济的,而是文化方面的差异;主宰全球政治的将是"文明的冲突"。目前,维护文化多样性的有识之士和有代表性的学者因为担心发生全球性的"文化危机",纷纷表示强烈反对文化领域的全球一体化。美国人类学家霍尔就认为,全球化可能产生三个文化后果:(1)因为文化同质化,国族认同被消融;(2)国族或地方认同因为对全球化的抵制而得到增强;

（3）尽管国族认同在衰退，但是新的认同将会形成。①这些文化后果对共建"一带一路"倡议的全球传播带来了挑战。

文化之间的冲突和摩擦是不可避免的，可能导致社会的不稳定和紧张局势，产生不良后果。其中，最为引人注目的是文化霸权，而"文化帝国主义"是帝国主义侵略他国的一种手段。20世纪上半叶，政治控制和经济掠夺一直是帝国主义国家实施殖民统治的惯用手段，但是"二战"后，伴随着殖民主义体系的崩溃和第三世界的兴起，昔日的帝国主义列强再也无法像过去那样仅凭借坚船利炮和廉价的工业产品就可以对第三世界国家实施政治和经济上的殖民统治，随着全球化的不断深入，殖民主义策略演变成对高新技术的垄断、对传播渠道的主导，通过输出文化工业产品，达到政治控制和经济掠夺的目的。

文化帝国主义，简而言之，是指具有文化优势的大国通过文化输出，对不发达或欠发达地区进行文化控制和霸权的行为。西方发达国家利用其先进的科学技术和发达的国民教育使文化始终居世界领先地位，大力开拓和占领世界文化市场，企图将这种一国的文化优势变成世界性的文化优势，进而重建、扩大自己的势力范围。目前，文化帝国主义一度在全球范围内迅速扩张，在不同的领域中繁衍，包括音乐、文学、消费品，等等，通过看不见、摸不着的方式，传统文化变得难以为继或不再流行。②"文化帝国主义"已经成为全球传播时代令人瞩目的一个问题。③

全球化让世界各地的人们变得更加相似还是不同？这是全球文化的统一性和差异性的辩证课题。④从全球语言使用模式的转变中，我们也可以看到文化同质化的印记：英语在16世纪时只是住在英格兰的为数不多的几百万人的母语，而据统计，截至2024年，全球范围内使用英语的人口总数已超过20

---

① 吴飞.国际传播的理论、现状和发展趋势研究［M］.北京：经济科学出版社，2016：227.
② 穆尼，埃文斯.全球化关键词［M］.刘德斌，等译.北京：北京大学出版社，2014：61.
③ 唐凌.全球化背景下的对话：对一种新的传播理念的探讨［M］.北京：文化艺术出版社，2012：94.
④ 斯蒂格.全球化面面观［M］.丁兆国，译.北京：译林出版社，2013：59.

亿。与此同时，人类语言种类正迅速减少。联合国教科文组织的《世界濒危语言地图集》（*Vanishing Languages of the World*）按照危害程度对2473种语言进行了分类。① 在过去约90年间，全球已有200多种语言消失。美国政治理论家本杰明·巴伯（Benjamin Barber）告诫世界，要防范他称之为"麦克世界"的文化帝国主义。② 而全球传播中全球媒体帝国正是生产和指挥了整个过程的主角。③

英国学者约翰·汤林森（John Tomlinson）在"文化帝国主义"的基础上，提出了媒介帝国主义的概念，并厘清了其与文化帝国主义之间的关系。他在《文化帝国主义》（*Cultural Imperialism*）一书中对文化帝国主义的本质进行了深入剖析，文化帝国主义就是西方资本主义国家通过文化霸权把自身文化强加于其他民族身上，以削弱其他民族文化的影响力。帝国主义国家借助于文化这一媒介，对其他国家进行资本主义意识形态的侵略。④ 英国学者艾瑞克·霍布斯鲍姆（Eric Hobsbawm）认为媒体在政治过程中的地位比政党及选举系统更为重要。⑤ 从学者们的阐述中不难看出，在文化帝国主义中，媒介扮演了一个特殊的角色，媒介的全球传播起到了决定性的作用。

不得不承认，西方文化的确存在着一些所谓的"普世性"因素，但究其原因，实际上是先行的经济发展让西方文化的全球传播中占尽先机。⑥ 现在，在新兴经济体的经济发展带动下，情况正在缓慢地发生改变。

---

① MOSELEY C. Atlas of the world's languages in danger [R/OL]. (2010-01-01) [2024-07-19]. https://www.repository.cam.ac.uk/items/5ff19e36-9b75-469e-ac5e-2f4925852790.
② BARBER B. Jihad vs. McWorld: terrorism's challenge to democracy [M]. New York, NY: Ballantine Books, 1996.
③ ELLIOTT P, GOLDING P. Mass communication and social change: the imagery of development and the development of imagery [M] //DE KADT E, WILLIAMS G. Sociology and development. London: Routledge, 2018: 229-254.
④ 汤林森. 文化帝国主义 [M]. 冯建三, 译. 上海: 上海人民出版社, 1989: 45.
⑤ 霍布斯鲍姆. 极端的时代 [M]. 郑明萱, 译. 南京: 江苏人民出版社, 1989: 859.
⑥ SAID E W. Orientalism [M]. New York, NY: Pantheon Books, 1978.

二、文化差异对全球传播的阻滞

后殖民主义理论是一种具有强烈政治性和文化批判色彩的文化理论和文化批评话语，是"对欧洲帝国主义列强在文化上、政治上以及历史上不同于其旧有殖民地的差别（也包括种族之间的差别）的一种十分复杂的理论研究"。"后殖民主义"最直接的表现就是发达国家通过控制全球经济来继续维持着他们的统治地位。但更加可怕的是，他们妄图从思想上、从文化上控制整个世界，用影视和信息等方式对其他文化进行渗透消解，达到对其他民族文化全面控制的目的。例如，从20世纪60年代起，美国就多次提出要将视听影视作为娱乐产业的一部分列入《关税及贸易总协定》；法国前国务部长、文化部长、教育部长雅克·朗提出了著名的"文化例外"概念，并得到了西班牙、意大利、希腊和德国等欧盟国家的支持。[①]

西方国家的"文化侵略""文化霸权主义"已引起很多国家的警惕，一些民族国家，尤其是第三世界国家开始对文化全球扩张保持高度敏感和警觉，采取了相应的文化保护措施，如捍卫民族语言、制定文化保护政策等，各国均把保护和弘扬本国民族文化作为自己的责任与使命。

文化保护的政策可以分为限制性政策和扶植性政策。相对于扶植性政策，限制性政策是一种旨在形成"此消彼长"态势的零和博弈政策，通过限制全球性的某种文化在本地的传播比例，而为本土文化保留空间和余地。在全球化的今天，保护文化多样性和民族性，是关涉人类文化发展未来的大问题，它并不应以牺牲文化的开放性和包容性为代价。一味限制性地保护，往往收效甚微，甚至容易引发消极的后果。因此文化保护政策应多偏向于扶植性政策。

对于文化的全球传播来说，所面临的首要问题就是文化传统和意识形态

---

① 郑思成.世界贸易组织与贸易有关的知识产权[M].北京：中国人民大学出版社，1996：10-11.

的碰撞,这种碰撞如果处理不好,则会引发文明之间的矛盾,甚至战争和掠夺。亨廷顿在《外交》季刊上发表的《文明的冲突》曾指出,国际社会之间的冲突将不再是政治、经济和意识形态之间的对抗,而是不同文化之间的对抗。他站在西方文化中心的立场上,认为儒教文明和伊斯兰文明是对西方文明构成最严重的挑战。他认为甚至可能带来激烈的血腥冲突。① "9·11"恐怖袭击事件后,小布什曾发出著名一问:"他们为什么恨我们?"这本来是一个值得深思的问题,但是问题提出之后,没有人去深入思考,而是采取了更加极端的方法,美国凭借自身强悍的国力,发动了两场战争,用军事打击的方式去消除恐怖分子,并且军事打击的范围也在不断扩大,包括打击恐怖主义和恐怖主义的庇护国,然后再到打击"暴政前哨"②,等等,极端伊斯兰主义成为美国军事打击的最终对象。原本属于一场反恐战争,在不断演化的过程中,成为两种不同文明的较量,西方文明和伊斯兰文明,两者之间的冲突进一步加剧了军事战争的残酷。亨氏所提出的文明冲突论在西方和伊斯兰文明冲突实践中得到了充分体现。首先,美国挑起了伊拉克战争,接下来在美国的调戏之下,中东陷入了乱局,再接下来,金融危机、经济衰退、全球疫情、贸易风暴,等等,让整个国际社会陷入了失序困境,美欧内部政治社会问题积重难返,凡此种种,恰是"文明冲突论"的滥用,让政客们以简单粗暴的方式解决异常复杂的问题。③ 不仅如此,文明冲突论在当代也被一些别有用心的学者或政客再次摆上台面,用这种视角来看待中国崛起,引发更多

---

① 亨廷顿.文明的冲突与世界秩序的重建[M].周琪,等译.北京:新华出版社,2010:156.
② 2005年1月18日,赖斯作为候任国务卿在美国参议院外交委员会的确认提名听证会上,将古巴、缅甸、朝鲜、伊朗、白俄罗斯、津巴布韦等六国列为"暴政前哨"(outposts of tyranny),称暴政滋生出绝望和仇恨,孕育出恐怖主义。美国改造"暴政前哨"国家的目标就是促使这些国家政权更迭,走上美国希望的民主之路。转引自:罗艳华.美国民主输出的战略手段与现实困境[EB/OL].(2022-04-05)[2024-08-30]. https://brgg.fudan.edu.cn/articleinfo4784.html.
③ 袁鹏.中国以"合作共赢"破解"文明冲突"[EB/OL].(2017-09-26)[2022-01-19]. http://ihl.cankaoxiaoxi.com/2235006.shtml.

的冲突和对抗。①

全球传播是文化与文化相接触的最根本方式和渠道。如果经由全球传播带来文化与文明之间的敌对和冲突，那么全球传播也就失去了其最初的本意。我们不得不思考：全球传播是否可以以一种更合理的方式为文化之间的共荣做出贡献，而不是为世界文明带去灾难？这也是文化的全球传播活动中一项极具意义的课题。

第四节 价值认同

古罗马哲学家普鲁塔克曾经说过：人与人的差别远远大于人跟动物的差别。生物学意义上的人类或许存在，但是，社会文化意义的人类还未形成。"物质利益的分歧可以谈判，并常常可以通过妥协来解决，而这种方式却无法解决文化问题。"②

一、难以形成价值认同的原因

共建"一带一路"倡议在全球传播的过程中难以形成共识的原因大体有三个方面：其一，不同国家和地区的宗教信仰不同，形成了非常显著的差异，这些差异深受各自历史背景、地理环境及人们思维方式的影响；其二，东西方意识形态差异；其三，每个国家和民族的历史传统、文化积淀、基本国情不同，其发展道路必然有着自己的特色。正如恩格斯所说："其中每一个意

---

① 王灵桂，赵江林. 人类命运共同体构建之路：中外联合研究报告 No.6（下册）[M]. 北京：社会科学文献出版社，2019：205.
② 亨廷顿. 文明的冲突与世界秩序的重建 [M]. 周琪，等译. 北京：新华出版社，2010：109.

志,又是由于许多特殊的生活条件,才成为它所成为的那样。"[①] 美国学者萨缪尔·亨廷顿(Samuel P. Huntington)曾经对亚洲文明和美国文明进行过比较,分析了这两种文化所强调的价值观方面的差异。[②] 宗教信仰不同、意识形态不同、历史传统不同,人们认知世界的方式就会有较大的差异。

二、全球传播的独特作用

不同国家、民族和地区的价值观,唯有通过传播交流,才可能在融合中达成共识,形成认同。从这个角度讲,全球传播尤为重要,且作用独特。

(一)全球传播的主体多元化

在传统的国际传播中,传播主体主要是国际社会及其代表,以及各种各样的政府间国际机构。而在全球传播中,在国家和政府间机构继续扮演重要角色的同时,传播主体出现了多元化的趋势,跨国公司、国际非政府组织和个人都成为全球传播的主体。

(二)传播内容呈现出信息种类多样、信息形式复杂、信息量庞大的特点

全球传播的信息多种多样,跨国间信息流动所有的信息种类都属于全球传播的内容范畴。在互联网时代,全球传播途径主要依附于构建在互联网基础上的日益更新的融媒体。技术的更新带来媒介的融合,媒介的融合让全球传播范围更广、力度更大、参与度更高、时效性更强。

(三)互联网时代,全球传播受众变被动为主动

与单向的传者向受者有意图地进行传播不同,受者有足够的时间与空间积极主动地参与到信息传播的过程中来,不但可以对被传播的信息及时发出反馈,更可以利用自身的理解对信息进行再创造,形成更新化的信息。网络

[①] 马克思恩格斯文集(第10卷)[M].北京:人民出版社,2009:592.
[②] 亨廷顿.文明的冲突与世界秩序的重建[M].周琪,等译.北京:新华出版社,2010:201.

用语就是受众再创造的产物。受众的主动性更表现在受众可以积极主动地选择传播的内容。除此以外,全球传播时代的受众,其身份认同感也受到了全球传播的影响。随着全球化的不断推进和国家间相互依赖程度的加深,战争、贫困、粮食短缺、环境污染、资源枯竭、核安全、网络空间安全、跨国犯罪和恐怖主义等一系列问题,已经成为世界各国和人民面临的共同挑战。现在兴起的"全球公民社会",意在通过社交网络、视频网站等,唤醒广大群众的共鸣和支持,以形成强大的全球公共舆论氛围,有效解决这些全球性问题。

第五节　体制差异

共建"一带一路"倡议的全球传播,其主要载体或渠道是大众传播的传统媒体和基于互联网的新型网络媒体。但是,理论上来说,各个国家的政治制度和意识形态体系不同,由其所决定的传媒体制也就不尽相同,这就造成了共建"一带一路"倡议在不同政治制度与传媒体制间传播的困难。

一、各国的传媒体制不尽相同

"人类自己创造自己的历史,但是他们并不是随心所欲地创造,并不是在他们自己选定的条件下创造,而是在直接碰到的、既定的、从过去继承下来的条件下创造。"[①] 马克思的这段话说明了"人类"在人类历史的创造中所起到的有限作用。也就是说,人类社会发展是一个复杂的社会演变过程。一个显而易见的事实是,一个社会所拥有的历史越长,文明越悠久,传统越深

---

① 马克思恩格斯选集(第1卷)[M].北京:人民出版社,2012:669.

厚，那么"路径依赖"的作用就越大，人们创造历史所受到的环境制约也越大。① 不难理解，历史文明越悠久的国家，其各种制度越难以抛开其历史格局的限定。

传媒体制是政府对大众媒介的管控制度，或者说传媒体制就是社会制度中对大众传播活动直接或间接地起着制约和控制作用的部分。② 一个国家所奉行的传媒体制是其政治制度的分支，二者互相关联。一套政治制度有其内在的逻辑，而传媒体制不可能脱离政治制度的逻辑。比如，有学者就认为：传播系统是所处社会的结构、政策、行为的反映。③

在《传媒的四种理论》（Four Theories of the Press）一书中，传媒的四种模式亦被称为"四种理论模型"。无论是哪种模式，都有其自身的局限性。比如，"新闻自由主义模型"，迈赫迪·萨马迪（Mehdi Semati）在《国际传播理论前沿》中就论述了其局限性——无意中明显地吸收了自由主义的意识形态。迈赫迪引用了其他学者对于这部书的评论："他们的论述中，这些基本原理几乎全部由西方理论家所写，这就意味着，这个世界的传播体制完全建立在研究他们的思想上。"④

总之，无论是哪种传媒体制，都有其优势和局限性，也都有其具体的存在根据，我们应客观地对其进行分析和判断。

二、传媒体制不同造成的传播渠道的阻滞

传播学者对"传媒发展的障碍"有过一定的研究。比如，在《全球新闻事业：重大议题与传媒体制》一书中，"传媒发展的障碍"被划分为六种形式：物理障碍、文化障碍、经济障碍、政府障碍、传媒障碍以及技术障

---

① 景跃进，陈明明，肖滨. 当代中国政府与政治［M］. 北京：中国人民大学出版社，2016：2.
② 臧具林，陈卫星. 国家传播战略［M］. 北京：中国传媒大学出版社，2011：194.
③ 戴比尔，梅里尔. 全球新闻事业：重大议题与传媒体制［M］. 郭之恩，译. 北京：华夏出版社，2010：62.
④ 撒马迪. 国际传播理论前沿［M］. 吴飞，黄超，译. 北京：中国传媒大学出版社，2016：25.

碍。没有哪一种传媒体制——甚至是美国建立的、全世界最为发达的传媒体制——能称其完全符合理想的传播环境，而没有丝毫的传播障碍。①

理论上讲，全球传播的理想形态，应该是信息自由跨境流动。我们可能过度关注了阻碍形成这种自由跨境流动的主要形式，而忽略了其他形式。例如，在西方，历史上将大部分注意力放在了摆脱政府控制的自由上，那么美国传媒脱离了政府的阻碍而变得绝对自由了吗？事实是并没有。美国的利益集团对媒体享有绝对的话语权。例如，在美国 Youtube 视频网站上，CGTN 作为视频发布方，其发布的视频均被标注为"中国政府资助的媒体"，结合美国对中国多年以来持续性地妖魔化抹黑，即便是客观的新闻和事实阐述，也无法取得应有的传播效果。

据《环球时报》报道，2019 年 8 月，中国内地推特用户被大量封停，推特给出的理由是"在香港的示威运动中挑拨制造不和"，认为这些个人账号背后有政府操纵。这明显与事实不符，国家网信办对此回应道：脸书、推特以散布"假新闻"为借口，封禁了一批发布客观理性声音的中国账户。但与此同时，大量歪曲事实、攻击抹黑中国的谣言信息却大行其道。② 美国国务院将我国四家外宣媒体列入"外国使团"，并对我国驻外记者进行签证方面的限制。在西方国家系统性打压的策略下，中国对外传播相关资源的调配出现了功能性的失灵。③ 在全球传播活动中，国与国的政治性对抗和意识形态之争，显然阻碍了真实信息的自由流动。如此情形之下，传媒体制不同所造成的共建"一带一路"倡议全球传播的困难则比较难以克服。

---

① 戴比尔，梅里尔.全球新闻事业：重大议题与传媒体制 [M].郭之恩，译.北京：华夏出版社，2010：70.
② 参见：https://baijiahao.baidu.com/s? id=1645286709874874288&wfr=spider&for=pc.
③ 史安斌，童桐.世界主义视域下的平台化思维：后疫情时代外宣媒体的纾困与升维 [J].对外传播，2020（9）：4-7，1.

第六节 突破困境的主要路径选择

综合研判上述共建"一带一路"倡议在全球传播中所遇到的种种困难，可以看出，这些困难，既有一定的"深度"，也有一定的"广度"。归纳起来，主要是三个层面的困境，一是传播角度的媒介困境，二是政治角度的意识形态困境，三是文化角度的价值认同困境。围绕这三个层面的困境，本书提出以下三条路径选择：

一、媒介渠道综合协同施力破解"西强东弱困境"

如前所述，在文化传播的力量对比方面，发达国家与发展中国家存在很大差距。以美国为首的西方发达国家，利用其雄厚的经济和科技实力，拥有大量的现代化传播工具，控制着强大的信息传播网，垄断着国际舆论和新闻发布渠道，向世界全方位、全时空、全天候地推销其价值标准、意识形态。德国记者约瑟夫·乔菲甚至认为，美国的软实力甚至比它的经济和军事实力还要强大。在现有情况下，要想提高共建"一带一路"倡议全球传播的效力，破解共建"一带一路"倡议全球传播的"西强东弱困境"，还是需要各种媒介渠道综合协同施力，共同推动对外传播工作的有序进行。

二、从国际政治传播视野破解"意识形态困境"

由于共建"一带一路"倡议最初由中国国家领导人提出，共建"一带一路"本身"天然地"被赋予一定的意识形态性，而又由于世界各国的意识形态性"差异"乃至"冲突",共建"一带一路"倡议全球传播的整个过程都伴随着"意识形态困境"。上面我们所讲的"文化差异""规则共建""利益共享""价值认同""传媒体制"等种种困难,都直接或间接地与"意识形态"相关联。因此,从国际政治传播视野破解"意识形态困境"可以抓住解困之纲。

三、打通和强化"跨文化传播"渠道,破解"价值认同困境"

共建"一带一路"倡议全球传播所面临的种种困境,究其根源可归结于价值观的不同;而共建"一带一路"倡议全球传播的目的,也是追求最大范围内的"价值认同",形成"共同价值",并以此促进全球经济发展以及全球治理行动。而获得"价值认同"的最有效渠道就是"跨文化传播"。所以,打通和强化"跨文化传播"渠道,是破解共建"一带一路"倡议全球传播的"价值认同困境"的主要路径。

以上三个主要路径,正是本书力图有所创新的议题选择,将独立设章,专门论述。

第四章
破解共建"一带一路"倡议全球传播的"西强东弱"困境

在我国学术界中已经形成了一种"共识",即人们普遍认为,从传播学和舆论博弈的角度看,现在的"全球舆论格局"仍然是"西强东弱"。以美欧为主的西方资本主义国家凭借自身强大的传播实力和国际话语权优势,在国际传播与舆论中始终占据霸主地位。而随着中国在经济、科技、军事等领域的快速发展,中国的综合实力已经显著提升,但这种"西强东弱"的基本格局并没有发生本质性的改变。

从第二章的共建"一带一路"倡议全球传播多元模型可以看出,政治生态、业界与学界动态,都与传播的生态相互制约、影响,传播生态能够感应政界、业界与学界的变动,进而做出自身的调整。因此从媒体视角出发,是分析共建"一带一路"倡议全球传播现状的绝佳切入口。虽然本书着意强调共建"一带一路"倡议的全球传播,要求"超越国家"的传播的多要素、多途径、多主体等,但在当前人类社会交往媒介化的背景下,无论是在中国的"国内传播",还是面向国际的"全球传播",其主要途径还是需要依靠媒体。从这个意义上来讲,无论是面向国内传播的传统主流媒体还是面向国际传播的新媒体,都在其中发挥着举足轻重的作用。可以说,它们如何报道、解读和评论"一带一路"倡议,对于共建"一带一路"倡议的全球传播至关重要。

然而,恰恰是在这个方面,仍然存在着许多问题。与国内媒体对共建"一带一路"倡议宣传的火热局面相比,国际主流媒体对共建"一带一路"倡议的传播要么不切主题,要么言之泛泛。共建"一带一路"倡议的全球传播,"媒介渠道困境"成为一个最显性的难题。

本章聚焦共建"一带一路"倡议的全球传播现状研究,引入现有材料与Factiva数据库中的媒体相关数据进行分析,从国内主流媒体、共建国家主流媒体以及国际主流媒体三方视角,描述各自在共建"一带一路"倡议全球传播过程中的角色及所发挥的作用,为解决共建"一带一路"倡议全球传播难题找到突破路径。

第一节 主流媒体传播共建"一带一路"倡议的基本情况

随着传播技术的发展，媒体的内涵和外延都在不断地扩大，而我们所要研究的主题即共建"一带一路"倡议的全球传播，其中涉及的"媒体"又是全球性的，同时，所谓的"主流媒体"可以从政治的、经济的、经营的、综合的多种角度来规定和理解，因此适当做出一些限制，将使我们的研究更为准确和规范。这里所提及的"主流媒体"，主要侧重于从政治和影响力两个角度来理解和把握。从政治上讲，在中国，"主流媒体是相对于非主流媒体而言的，影响力大、起主导作用、能够代表或左右舆论的省级以上媒体，称为主流媒体，主要是指中央、各省区市党委机关报和中央、各省区市广播电台、电视台，以及其他一些大报大台"①。从综合角度来讲，"主流媒体"指覆盖面广、品牌性强、影响力大，成为社会主流人群所倚重的资讯来源和思想来源的高级媒体和强势媒体。

本书将主流媒体按照国内主流媒体、共建国家主流媒体以及国际主流媒体进行简要划分，这是由于政治力量在共建"一带一路"的过程中不仅发挥着决定性作用，而且也极大地影响了传播生态。这种假设和划分方式在研究中是合理的。

鉴于英语作为国际通用语言的地位，其在国际传播领域中扮演着至关重要的角色。因此，本书以英语资料和案例作为研究的切入点，不仅有助于我们深刻洞察国际传播的内在机制，更是把握共建"一带一路"倡议全球传播

---

① 邵志择.关于党报成为主流媒介的探讨[J].新闻记者，2002（3）：15-18.

现状的关键所在。

本书运用Factiva数据库对共建"一带一路"倡议的全球传播进行检索，即在Factiva数据库中输入"Belt and Road Initiative""One Belt One Road""Belt and Road""China's Silk Road""Maritime Silk Road""Silk Road Economic Belt"等关键术语，时间范围为2013年9月7日[①]至2024年5月10日，语言限定为"英语"，类型选择为"所有刊物"或"所有网页新闻"进行检索。在这个时间段内，共计发文量344,887篇。其报道总量的变化趋势如图4-1所示：

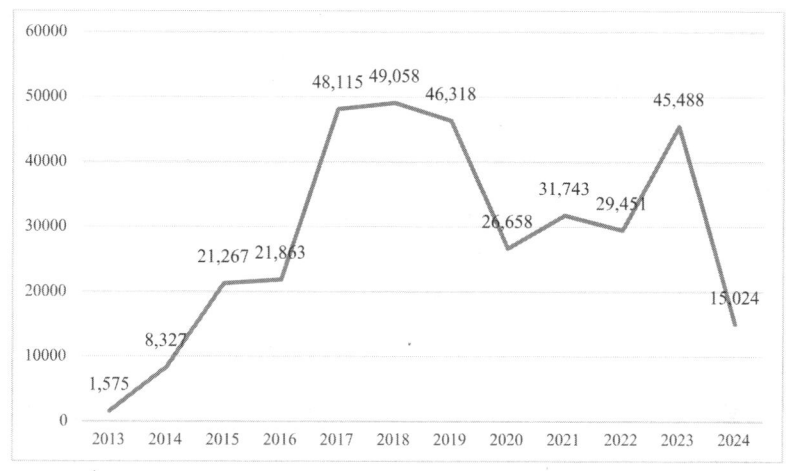

图4-1 Factiva检索共建"一带一路"倡议的全球传播报道总量趋势图

如图4-1所示，2013年至2018年的报道量稳步上升，并在2018年达到了顶峰，在接下来的几年中，报道量则有所下降，除了2019年和2023年仍维持在高点外，整体有所回落。这里需要指出的是，2024年的数据统计至5月，不能够完全体现出2024年的实际报道情况。

---

① 2013年9月，中国国家主席习近平在哈萨克斯坦纳扎尔巴耶夫大学发表题为"弘扬人民友谊 共创美好未来"的重要演讲，倡议共同建设"丝绸之路经济带"，以及2013年10月，中国国家主席习近平在印度尼西亚国会发表题为"携手建设中国—东盟命运共同体"的重要演讲，倡议筹建亚洲基础设施投资银行，与东盟国家共同建设"21世纪海上丝绸之路"。因此，检索时间以2013年9月为起点。

分析相关数据发现，报道量的走势基本上与中方主动在国际舞台上出现的频次表现出一致性。

2017—2019年这三年间，"一带一路"发展步入了快车道。2017年，习近平主席赴达沃斯参加世界经济论坛，中国举办首届"一带一路"国际合作高峰论坛，厦门金砖峰会，中国共产党与世界政党高层对话会，中国共产党十九大报告将人类命运共同体理念作为中国特色大国外交的重要内容等，这些活动同样使媒体的相关报道量提升。

2018年1月，外交部长王毅出席在智利圣地亚哥举行的中国—拉美和加勒比国家共同体论坛第二届部长级会议。在本次会议上，中方介绍了"一带一路"倡议，中拉双方就此形成政治共识，共同发表《"一带一路"特别声明》，"一带一路"倡议得到拉美国家的广泛认同。2018年8月，习近平总书记出席推进"一带一路"建设工作5周年座谈会并发表重要讲话，提出"一带一路"建设要从谋篇布局的"大写意"转入精耕细作的"工笔画"，向高质量发展转变，造福沿线国家人民，推动构建人类命运共同体。同年，中非合作论坛北京峰会召开，峰会达成共建"一带一路"重要共识，中非一致同意将"一带一路"同联合国2030年可持续发展议程、非盟《2063年议程》和非洲各国发展战略紧密对接，并同意将论坛作为中非共建"一带一路"的主要平台。峰会期间，28个非洲国家和非盟均与中国签订了"一带一路"政府间谅解备忘录。

2019年也是"一带一路"建设的重要一年。2019年3月，中意双方签署政府间关于共同推进"一带一路"建设的谅解备忘录。意大利成为首个加入"一带一路"倡议的七国集团（G7）成员国，引起了国际舆论界的讨论，媒体对此报道众多。2019年4月，推进"一带一路"建设工作领导小组办公室发布八语种撰写而成的《共建"一带一路"倡议：进展、贡献与展望》报告，这是中国政府全面反映"一带一路"建设进展情况的官方报告，也是第二届"一带一路"国际合作高峰论坛的重要成果之一。同月，以"共建'一带一路'、开创美好未来"为主题的第二届"一带一路"国际合作高峰论坛在北京举行。38个国家的元首和政府首脑以及联合国秘书长、国际货币基金组织总裁等共 40 位领导人出席圆桌峰会。来自 150 个国家、92 个国际组织的 6000 余名外宾参加了论坛。会议形成了共六大类 283 项成果，通过了《第二届"一带一路"国际合作高峰论坛圆桌峰会联合公报》。"一带一路"互利共赢的合作导向得到越来越多国家和国际组织的信任和支持。"一带一路"新闻合作联盟也于 2019 年 4 月成立，成为各国媒体交流合作的重要平台。

从 2020 年起，"一带一路"发展进入平稳阶段，加之 2020 年后新冠疫情的出现，主流媒体将关注点更多地转移到了其他议题上，"一带一路"报道量出现下滑。2023 年是共建"一带一路"倡议提出的第十年。2023 年 10 月在北京召开了第三届"一带一路"国际合作高峰论坛，来自 151 个国家和 41 个国际组织的代表参加了此次高峰论坛，包括有关国家领导人、国际组织负责人、部长级官员及工商界、学术机构、民间组织等各界人士。参会嘉宾注册人数超过 1 万人，会议发布共建"一带一路"十年来的众多成果。第三届"一带一路"国际合作高峰论坛作为共建"一带一路"倡议提出以来的里程碑式峰会，媒体报道数量众多。

从新闻主题来看，"一带一路"相关新闻报道主要集中在外交关系、国内外政治、企业与工业新闻、传染病与流行病暴发、实物贸易以及可持续发展等几个主要议题上。

表 4-1 "一带一路"相关新闻报道主题

	新闻主题
Top1	外交关系/事务
Top2	国内政治
Top3	政治/综合新闻
Top4	可持续发展
Top5	实物贸易
Top6	传染病/流行病暴发
Top7	经济新闻
Top8	新型冠状病毒
Top9	交通运输
Top10	经济状况

一、中国主流媒体对共建"一带一路"倡议的传播概况

（一）基本情况

在共建"一带一路"倡议的全球传播过程中，中国主流媒体对于"一带一路"建设的报道占据主要位置。从 Factiva 数据库中提取的相关数据显示，全球媒体共计发表 340,475 篇消息（包括报刊文章、网页新闻等）。资讯来源前 10 名与发文量如下：

资讯来源

China Daily - All sources	35.4K
Xinhua - All sources	21.1K
Xinhua News Agency (Chi...	15.3K
South China Morning Post...	12.1K
ForeignAffairs.co.nz	8,796
People's Daily - All sources	7,947
Dow Jones Newswires - A...	6,304
PR Newswire - All sources	6,245
Global Times (China, Nati...	5,870
Reuters - All sources	4,067

图 4-2　全球关于共建"一带一路"倡议的报道资讯来源前 10 名与发文量

其中，排名前十位的中国主流媒体及发文量占比分别为：《中国日报》（10.4%）、新华社（10.7%）、《南华早报（香港）》（3.6%）、《人民日报》（2.3%）。

本书选取发文量最多的《中国日报》作为研究对象，选择在《中国日报》官网运用高级检索功能进行文章检索，以"Belt and Road Initiative"为检索词，日期范围限定在 2013 年 9 月 10 日至 2024 年 5 月 10 日期间，并开启"去除重复"的功能，共检索出相关报道 41 条（见表 4-2）。

表 4-2 《中国日报》关于"一带一路"的英文报道

	英文标题	中文译名	发布时间
1	"Road and Belt Initiatives" to restore lost glory	共建"一带一路"倡议恢复失去的荣耀	2015年1月30日
2	"Belt and Road Initiatives" no Marshall Plan of China	共建"一带一路"倡议并非中国的马歇尔计划	2015年1月31日
3	Economic projects assist "Belt and Road Initiatives"	经济项目助力共建"一带一路"倡议	2015年5月8日
4	Hubei champions Road and Belt Initiative	湖北力推共建"一带一路"倡议	2015年5月18日
5	Belt and Road Initiative efforts start to pay off	共建"一带一路"倡议的努力开始显现成效	2015年5月26日
6	Xi'an forum focuses on cross-border cooperation on Belt and Road Initiative	西安论坛聚焦共建"一带一路"倡议跨境合作	2015年5月27日
7	Belt and Road Initiative: a golden opportunity	共建"一带一路"倡议是黄金机遇	2015年10月9日
8	Belt and Road Initiative sparks big surge in FDI	共建"一带一路"倡议引发外国直接投资大幅增长	2015年10月9日
9	City seeks "pioneer role" in Belt and Road Initiative	城市在共建"一带一路"倡议中寻求发挥先锋作用	2015年11月18日
10	Investors see "long-term benefits" from China's Belt and Road Initiative	投资者看好中国共建"一带一路"倡议的"长期利益"	2016年1月8日
11	Belt and Road Initiative takes tourism to the skies	共建"一带一路"倡议助力旅游业腾飞	2016年1月11日
12	Belt and Road Initiative needs good laws	共建"一带一路"倡议需要良好的法律保障	2016年1月22日
13	The Belt and Road Initiative can provide new study routes	共建"一带一路"倡议可以提供新的学习路线	2016年2月15日
14	Belt and Road Initiative helps swell foreign student numbers	共建"一带一路"倡议助力外国学生数量增长	2016年4月16日

续表

	英文标题	中文译名	发布时间
15	Belt and Road Initiative boosts Shaanxi's trade links with South Korea	共建"一带一路"倡议促进陕西与韩国的贸易联系	2016年5月19日
16	Music may bolster Belt and Road Initiative	音乐可以助力共建"一带一路"倡议	2016年5月31日
17	The "Belt and Road" Joint Action Initiative for Combating Desertification	共建"一带一路"防治荒漠化联合行动倡议	2016年6月20日
18	Belt and Road Initiative for global benefit	共建"一带一路"倡议促进全球利益	2016年8月31日
19	Belt and Road Initiative supports firm's sales	共建"一带一路"倡议助力公司销售业绩	2016年9月5日
20	New growth momentum builds as Belt and Road Initiative develops	共建"一带一路"倡议发展带来新增长动力	2017年3月5日
21	Belt and Road forum will add to what initiative entails	"一带一路"论坛将为共建"一带一路"倡议增添新的内涵	2017年4月19日
22	Initiative backs growth along Belt, Road	共建"一带一路"倡议支持沿线地区建设	2017年5月4日
23	In the tracks of Belt and Road Initiative	沿着共建"一带一路"倡议的轨迹	2017年5月9日
24	Belt and Road Initiative inspires US community	共建"一带一路"倡议激励美国社区	2017年5月12日
25	VPower to embrace future under Belt and Road Initiative	VPower在共建"一带一路"倡议中拥抱未来	2017年5月15日
26	International students see benefits from Belt and Road Initiative	国际学生看到"一带一路"倡议的益处	2017年5月16日
27	Greek port grows along the Belt and Road Initiative	希腊港口沿着共建"一带一路"倡议发展	2017年5月26日

续表

	英文标题	中文译名	发布时间
28	IBF initiative putting titles on Belt and Road	国际篮球联合会（IBF）将赛事放在"一带一路"沿线	2017年5月30日
29	3 sea routs planned for Belt, Road Initiative	共建"一带一路"倡议规划三条海上路线	2017年6月21日
30	Coastal city in Shandong set to unleash potential of Belt and Road Initiative	山东沿海城市准备释放共建"一带一路"倡议的潜力	2017年7月18日
31	Optimizing overseas investment through Belt and Road Initiative	通过共建"一带一路"倡议优化海外投资	2017年7月28日
32	World Bank onside with Belt and Road Initiative	世界银行支持共建"一带一路"倡议	2017年10月14日
33	EBRD region should benefit from Belt and Road Initiative	欧洲复兴开发银行地区应受益于共建"一带一路"倡议	2017年11月28日
34	Belt and Road Initiative can help drive sustainable growth	共建"一带一路"倡议有助于推动可持续增长	2017年11月30日
35	Liuzhou serving as a key hub for pivotal Belt and Road Initiative	柳州成为共建"一带一路"倡议关键枢纽	2018年1月8日
36	Belt and Road Initiative boosts interest in foreign languages	共建"一带一路"倡议激发对外语的兴趣	2018年5月4日
37	Success sought across Belt and Road Initiative	共建"一带一路"倡议寻求全面成功	2018年6月9日
38	Nigeria expected to join Belt and Road Initiative	尼日利亚预计加入共建"一带一路"倡议	2018年9月4日
39	Belt and Road Initiative brings business to Confucius' hometown	共建"一带一路"倡议为孔子故乡带来商机	2018年10月26日

续表

	英文标题	中文译名	发布时间
40	Belt and Road Initiative to benefit all nations, event delegates say	与会代表表示，共建"一带一路"倡议将惠及所有国家	2018年12月13日
41	Belt and Road Initiative serves to promote multilateral cooperation	共建"一带一路"倡议旨在促进多边合作	2019年4月1日

（二）报道主题

综合分析以上41篇《中国日报》有关"一带一路"建设的报道，可以看出其主题包括四大类："一带一路"的具体解释、"一带一路"顶层设计与战略规划、"一带一路"促进国际合作与互利共赢、对"一带一路"发展前景的思考。

1. 共建"一带一路"倡议的具体解释

这一类新闻一般出现在共建"一带一路"倡议提出的早期，主要是围绕"一带一路"建设的基本内涵、框架思路、共建原则、发展历程等作出具体解释。例如"'Road and Belt Initiatives' to restore lost glory"这篇新闻开篇就指出"一带一路"是中国面对西方某些国家的牵制政策而采取的反击措施，旨在保证海上通行安全、改善与相关国家关系、维护地区安全等；还有新闻直接在标题中表明自身态度，如"'Belt and Road Initiatives' no Marshall Plan of China"，主要内容就是在澄清西方国家对共建"一带一路"倡议的误解和顾虑。

2. 共建"一带一路"倡议的顶层设计与战略规划

这一类新闻主要展现的是"一带一路"建设给国内各地区带来的发展机遇。例如"3 sea routs planned for Belt, Road Initiative"这篇文章主要介绍了共建"一带一路"倡议的战略规划。此外，这类新闻与国内的某些省份或者城市相关联，如"Liuzhou serving as a key hub for pivotal Belt and Road Initiative""Coastal city in Shandong set to unleash potential of Belt and Road

Initiative"等,突出"一带一路"建设给国内带来的发展机遇。

3. 共建"一带一路"倡议促进国际合作与互利共赢

自共建"一带一路"倡议提出以来,它已经吸引了包括亚洲、欧洲、非洲在内的多个国家以及国际组织的积极参与。这一倡议不仅促进了沿线国家的经济合作与交流,还推动了相关地区的基础设施建设,提升了区域整体的互联互通水平。这一类新闻主要是对这方面情况的报道。例如:"IBF initiative putting titles on Belt and Road、Nigeria expected to join Belt and Road Initiative""World Bank onside with Belt and Road Initiative",等等。

4. 对"一带一路"建设发展前景的思考

这一类新闻从深层次探讨"一带一路"建设过程中出现的问题,提出了相应的改进思路,并对"一带一路"建设的发展前景作出了展望。例如"Belt and Road Initiative needs good laws""Optimizing overseas investment through Belt and Road Initiative",等等。

(三)报道特点

总结分析《中国日报》的新闻报道,可以发现中国主流媒体围绕共建"一带一路"倡议的报道体现出以下几个方面的主要特点:

1. 报道主题明确

中国主流媒体在报道共建"一带一路"倡议时,始终将经济发展作为报道的核心,通过报道共建国家的基础设施建设、贸易往来、投资合作等案例,展示了共建"一带一路"倡议在促进区域经济发展、推动全球经济增长中发挥的重要作用。除此之外,中国主流媒体也关注共建"一带一路"倡议在政治、文化、教育等领域的成果,强调该倡议对于促进中国与沿线国家的人文交流、增进相互理解与合作的重要意义。

2. 注重时效性和真实性

中国主流媒体在报道共建"一带一路"倡议时,十分注重时效性,通过及时发布相关新闻、采访、评论等,使公众能够及时了解共建"一带一路"倡议的最新进展和成果。同时,中国主流媒体也注重新闻的真实性。在报道中,以事实为依据，避免夸大其词或虚构事实，从而保证了报道的公信力和影响力。

3. 整合分析官方信息

中国主流媒体在报道共建"一带一路"倡议时，积极整合并分析官方发布的信息和数据，通过权威解读、专家评论等方式，向公众传递准确、全面的信息。在整合官方信息的过程中，中国主流媒体还注重与其他媒体的合作与交流，共同推动共建"一带一路"倡议的宣传报道工作。

4. 强调"共商、共建、共享"

中国主流媒体在报道"一带一路"倡议时，始终强调"共商、共建、共享"，通过报道沿线国家共同参与、共同建设、共同分享的成果案例，展示了该倡议在推动区域合作中的重要作用。中国主流媒体在报道共建"一带一路"倡议时，注重突出其互利共赢的基础，通过报道沿线国家在华投资增势、中国优化营商环境法律法规的出台等实例，展示了共建"一带一路"倡议对于促进双边和多边贸易投资合作、实现互利共赢的积极作用。此外，中国主流媒体还关注到共建"一带一路"倡议在促进全球贸易自由化、推动经济全球化进程中作出的贡献，进一步强调了其互利共赢的本质。

二、"一带一路"共建国家主流媒体对共建"一带一路"倡议的传播概况

本书选取"一带一路"共建国家俄罗斯、意大利、沙特、南非作为研究对象，以俄罗斯塔斯社，意大利的《晚邮报》《共和国报》《24小时太阳报》，沙特阿拉伯的《利雅得报》，以及南非的《每日太阳报》《星期日时报》《星报》《城市报》等为例，试图描绘出"一带一路"共建国家主流媒体对共建"一带一路"倡议的传播概况。

（一）俄罗斯塔斯社

中俄关系被称作大国关系的典范。塔斯社作为俄罗斯最重要的主流媒体之一，对共建"一带一路"倡议也有诸多报道。塔斯社（ТАСС）是俄罗斯中

央新闻通讯社，是俄罗斯主流媒体之一，主要负责发布政治、经济等方面的严肃新闻。中国一直是塔斯社新闻报道的重点关注对象。塔斯社社长米哈伊洛夫强调，如今塔斯社最为关注的是中国政治生态的变化，尤其重视对中国共产党的方针政策进行全面解读。

自 2013 年 9 月至 2024 年 5 月，塔斯社对共建"一带一路"倡议的报道量如图 4-3 所示：

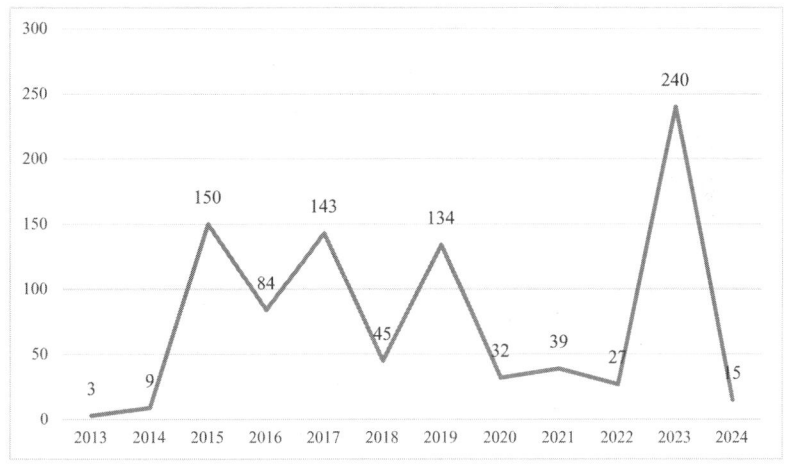

图 4-3 塔斯社对共建"一带一路"倡议的报道量

从图 4-3 可以看出，2023 年，塔斯社对共建"一带一路"倡议的报道量显著增加。其中，正面报道占 72%，中性报道占 28%。①

在 2013 年中国刚刚提出共建"丝绸之路经济带"时，俄罗斯媒体对此并无强烈反应，直至 2014 年索契冬奥会，普京首次表示欧亚经济联盟支持与"一带一路"的对接。随后几年，中俄之间关于"一带一路"相关议题的交流不断推进，直至 2023 年共建"一带一路"倡议提出十周年，普京受邀参加第三届"一带一路"国际合作高峰论坛，报道量显著增加。

塔斯社对"一带一路"议题的报道主要涵盖以下几个方面：其一，对共建"一带一路"倡议的全面解读，如报道中亚各国之间的贸易走廊与新丝绸

---

① 孙有中. 中国治国理政思想的国际传播研究 [M]. 北京：国家行政管理出版社，2020.

之路的发展，报道倾向以中性为主。其二，报道中国在共建"一带一路"框架下各项目合作的具体进展情况，尤其关注"一带一路"与欧亚经济联盟的对接，报道倾向多为正面。其三，重新思索"一带一路"的竞合关系，报道倾向于对问题的客观分析，但更多的是展望前景的正面评价，例如认为中俄双方应共同努力克服难题等。

（二）意大利《晚邮报》《共和国报》《24小时太阳报》

作为古丝绸之路的终点、欧洲发达国家之一的意大利，同时也是G7国家中唯一加入共建"一带一路"倡议的国家，意大利对于共建"一带一路"倡议全球传播研究的价值非常突出。尤其是2023年意大利在第三届"一带一路"国际合作高峰论坛后低调宣布退出"一带一路"，其背后诉求更值得进行深入研究和探讨。

《晚邮报》创刊于1876年，是意大利创刊最早的报纸之一。20世纪前20年，在主编路易吉·阿尔巴尔蒂尼的领导下，该报迅速成为意大利覆盖面最广的报纸。《共和国报》的总部位于罗马，虽然创刊时间较晚，但已经是《晚邮报》的主要竞争对手之一。《24小时太阳报》创办于1865年，1965年由《太阳报》与《24小时报》融合成为意大利最大的综合财经类报刊。

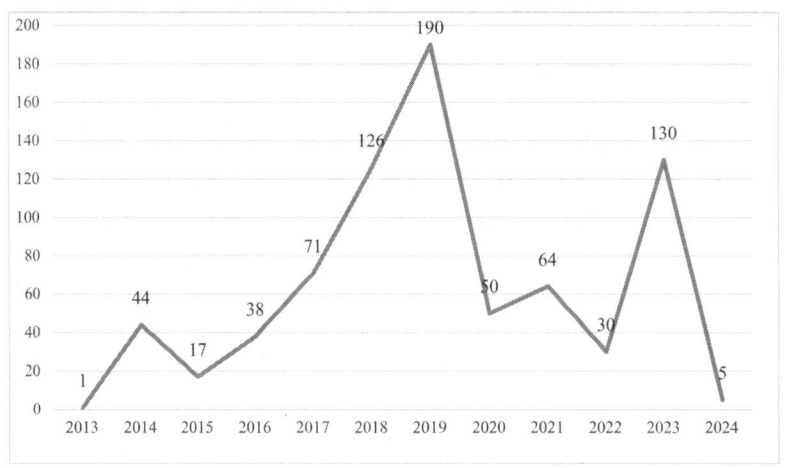

图 4-4 《晚邮报》《共和国报》《24小时太阳报》对共建"一带一路"倡议的报道量

从图 4-4 中可以看出，从 2015 年开始至 2019 年，意大利国内的三大报纸对"一带一路"相关议题的报道量逐年攀升，这也与共建"一带一路"倡议从提出至逐步实施的时间主线相吻合。2019 年的相关报道量最多，是因为 2019 年 3 月，中意双方签署政府间关于共同推进"一带一路"建设的谅解备忘录，意大利成为首个加入共建"一带一路"倡议的七国集团成员国。2023 年虽然是"一带一路"十周年，同时在这一年也召开了第三届"一带一路"国际合作高峰论坛，但是意大利并没有派出政要出席，并于 2023 年 12 月正式提出退出共建"一带一路"倡议，因此 2023 年意大利媒体相关报道量虽然有所攀升，但与 2019 年相比仍显示出颓势。

从报道内容来看，意大利三大报纸主要聚焦经济层面和政治层面的报道。一方面，有媒体认为中国提出的共建"一带一路"倡议对于意大利来说是一次绝佳的机遇，这一倡议的提出必将改变国际局势；而另一方面，有个别报道将共建"一带一路"倡议解读为中国雄心勃勃的"全球称霸计划"。

在 2023 年共建"一带一路"倡议的相关报道中，有一类报道探讨的是意大利是否续约共建"一带一路"倡议对于意大利的战略意义。报道中明确提出了意大利与中国的"一带一路"合作与加入西方联盟、北约和七国集团是否兼容的问题。从相关报道可以看出，意大利在 2023 年春天就开始讨论退出"一带一路"，而最终选择在 12 月正式退出，主要是在三个方面做好了铺垫。首先是在外交方面做出了一些举动以避免受到反制。临近 12 月最后期限，两国的幕后外交高频接触。9 月，意大利外交部长安东尼奥·塔亚尼（Antonio Tajani）访华，意大利总理梅洛尼在印度举行的年度 G20 峰会上会见了中国国务院总理李强。其次，意大利也处理了国内反对退出的声音。10 月，意大利一位不愿透露姓名的高层人士在《晚邮报》上哀叹"某些工业部门"以及"文化环境"、"大学"和"政府"对梅洛尼政府施加了"强大压力"，是当前意大利不得不留在"一带一路"的原因。推迟退出的另一个可能因素是第三届"一带一路"国际合作高峰论坛定于 2023 年 10 月举行，而罗马方面希望避免在该活动前一段时间给双方带来尴尬。

据相关报道分析，在 2019 年意大利与中国签署谅解备忘录时，意大利未能察觉美国与欧盟的立场发生了变化。美国特朗普政府的对华政策变得更具对抗性，而欧盟也在美国的影响下变得更加谨慎。这一转变使意大利面临外交孤立和强烈批评。自2024年1月1日起，意大利第七次担任七国集团轮值主席国，选择在2023年年底退出"一带一路"，表明意大利在努力扭转自身在西方阵营当中的尴尬地位。

（三）沙特阿拉伯《利雅得报》

作为阿拉伯国家联盟、海湾阿拉伯国家合作委员会和石油输出国组织的成员国，沙特在处理地区和国际事务（包括经济、政治、能源、安全、宗教等）中都发挥着举足轻重的作用。近年来，随着共建"一带一路"倡议的推进和沙特"2030愿景"的实施，中沙各领域合作不断拓展和深化。2016年，中沙全面战略合作伙伴关系的建立标志着两国关系向更高水平、更宽领域、更深层次迈进。

《利雅得报》是沙特最重要的纸媒之一，对共建"一带一路"倡议的报道影响着我国对沙特乃至对阿拉伯国家的形象构建、话语权建设，进而对中沙关系、中阿关系产生影响。《利雅得报》隶属于沙特三大报业集团之一的耶玛麦报业集团，是在首都利雅得出版的综合性阿文日报，并且至今已发展成沙特本土发行量最大、阅读量最大、发行范围最广的报纸，在全球设有58个记者站，发行范围涵盖全部海合会国家[①]，以及伊拉克、黎巴嫩、埃及、叙利亚、约旦、摩洛哥、英国、法国等国。

由于本书只对《利雅得报》有关"一带一路"倡议的英文报道进行统计，因此统计数量偏小，但我们仍可看出其报道量变化趋势。《利雅得报》对共建"一带一路"倡议的报道量基本呈逐年上升趋势，在2018年达到最高点，2017年与2018年基本持平。随着共建"一带一路"倡议的深入推进，沙特主流媒体对该倡议的关注度不断提升。2023年和所有主流媒体报道量整体趋势

---

① 海合会国家指海湾阿拉伯国家合作委员会（简称"海合会"）的成员国，包括沙特阿拉伯、阿联酋、卡塔尔、科威特、阿曼和巴林六国。海合会成立于1981年5月25日，旨在促进成员国之间的经济一体化和政治合作。

保持一致,《利雅得报》对共建"一带一路"倡议的报道再次达到波峰。

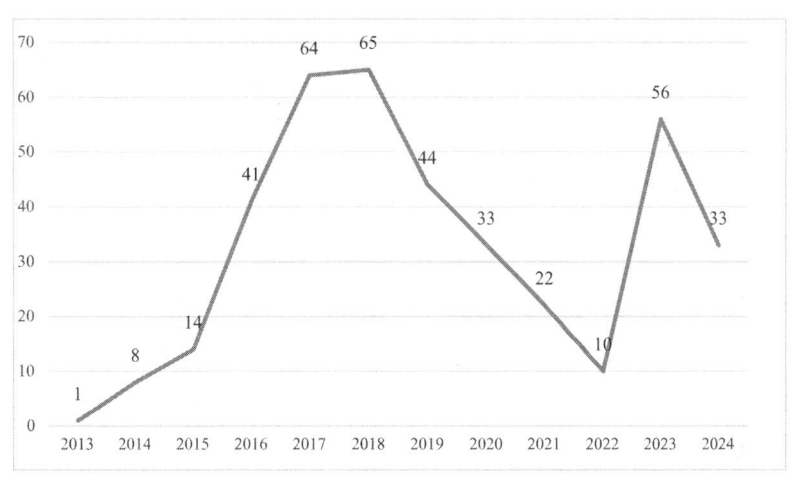

图 4-5 《利雅得报》对共建"一带一路"倡议的报道量

从报道内容来看,《利雅得报》主要关注以下四个方面:其一,中国提出的共建"一带一路"倡议与沙特"2030愿景"的对接,本质上是将二者放在统一战线的立场,增进政治互信、经贸合作、文化和人文交流。其二,"一带一路"框架下的中沙经济合作项目,包括项目实施情况以及对未来的展望等。其三,全面深化中沙合作伙伴关系,指出中国和沙特都处于经济转型时期,在"一带一路"建设的大背景下,转型中的两国不断深化各领域的合作,将会迎来更多机遇。其四,对共建"一带一路"倡议国际影响力的评价。例如,预测"一带一路"建设一旦成功,未来30年中国将同"二战"后的美国一样,置身于全球秩序的核心位置,将为世界带来更快速的投资、更健全的基础设施网络、更强的发展动力等。当然除此之外,也有少量报道援引西方媒体的负面立场,认为共建"一带一路"倡议是中国"称霸全球"的一种霸权主义野心。总体来看,持负面立场的报道占比17%左右。

(四)南非《每日太阳报》《星期日时报》《城市报》

南非的传媒产业规模和现代化水平在非洲属发达之列,2023年公布的《世界新闻自由指数》显示，南非排名世界第 25 名。南非定期出版的报刊数量居非洲之首，共有日报、周报 50 余种，另有 200 多种省和地方性报纸，600 多种各类杂志。其中以《每日太阳报》《星期日时报》《城市报》最有代表性。

南非发行量最大的日报为《每日太阳报》，2002 年 7 月创刊，内容以社会新闻和广告为主，读者主要为黑人和工薪阶层，在南非中下层社会中影响较大。《星期日时报》是南非发行量最大的周报，于 1906 年创立，隶属于乔尼克传媒集团，总部设在约翰内斯堡，在比勒陀利亚、开普敦、德班和伊丽莎白港等城市有分社，主要面向南非国内及博茨瓦纳、莱索托、斯威士兰和津巴布韦等周边国家。南非发行量最大的英文周报是《城市报》，其前身是 1982 年创办的《金色城市报》，在南非全国以及莱索托、博茨瓦纳和斯威士兰等周边国家发行。

如图 4-6 所示，自共建"一带一路"倡议提出以来，南非三家主要报纸在 2017 年达到了第一个报道高峰，随后在 2023 年共建"一带一路"倡议提出的十周年，报道量达到了第二个高峰。从时间上来看，2013 年共建"一带一路"倡议提出，2015 年进入正式实施阶段。2017 年在南非海滨城市开普敦，10 多家在南非的中资企业共同签署了《非洲中国企业"一带一路"共同发展联盟倡议书》。这些在媒体报道数量上也有相应的显示。

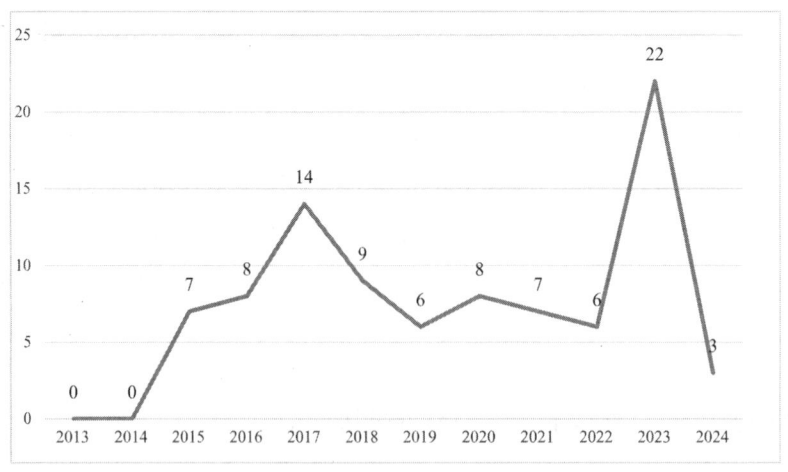

图 4-6 《每日太阳报》《星期日时报》《城市报》对共建"一带一路"倡议的报道量

从报道内容上看，南非主流媒体的报道反映出既期待合作又不乏担忧的矛盾心理。一方面，多篇报道中大篇幅描写中国开放经济和合作机会，另一方面，南非媒体在报道中暗示对共建"一带一路"倡议中的民族主义甚至是借助经济对南非进行殖民的担忧。担忧的部分主要是援引印度和欧洲国家反对加入共建"一带一路"倡议的态度和观点。从报道倾向性上来看，对于共建"一带一路"倡议持负面态度的占15%左右。

总的来说，"一带一路"共建国家的主流媒体对于该倡议的相关报道呈现出较为积极的总体倾向。然而，共建国家主流媒体的态度和看法也会受到部分非共建国家如印度、美国的主流媒体发布的消极声音的影响。这反映出共建"一带一路"倡议在全球范围内的认知与接受程度存在差异，同时也揭示出国际传播中复杂多变的因素与力量交织。共建"一带一路"倡议全球传播所面临的问题症结可能出在非共建国家主流媒体对于共建"一带一路"倡议的认知、看法与评论上，因为这些因素极大地影响了共建"一带一路"倡议全球传播的舆论生态环境。

三、其他国际主流媒体对共建"一带一路"倡议的传播

本书选择对于"一带一路"关注较高、发文量较多的三家具有代表性的国际主流媒体《纽约时报》（美国）、《泰晤士报》（英国）以及"欧盟动态"（欧盟）对"一带一路"的报道评论进行解读。之所以选取这几家媒体，是因为它们在与共建"一带一路"倡议相关的发文量排行中占据前列，同时这三家媒体的发行量和阅读量庞大，影响力广泛，有必要对其报道进行分析，从而为更好地传播共建"一带一路"倡议奠定基础。

三家国际主流媒体对共建"一带一路"倡议的报道量如图4-7所示，与全球媒体的总报道量趋于一致。

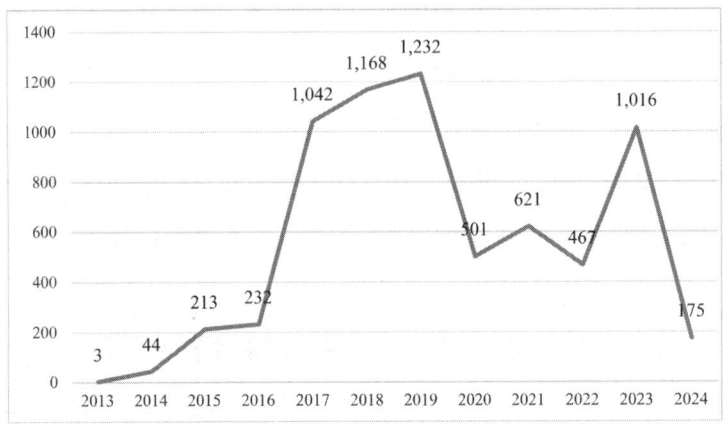

图 4-7 《纽约时报》《泰晤士报》"欧盟动态"对共建"一带一路"倡议的报道量

（一）美国《纽约时报》

本书选择《纽约时报》作为研究对象之一，源于《纽约时报》作为美国主流媒体的代表性和权威性。《纽约时报》创办于 1851 年 9 月 18 日，是美国三大主流报纸之一，被誉为"灰色女士"和"美国档案"。截至 2019 年，该报已经获得了 117 次普利策新闻奖，获奖总次数位居美国第一。[①]《纽约时报》对共建"一带一路"倡议的相关报道量如图 4-8 所示。

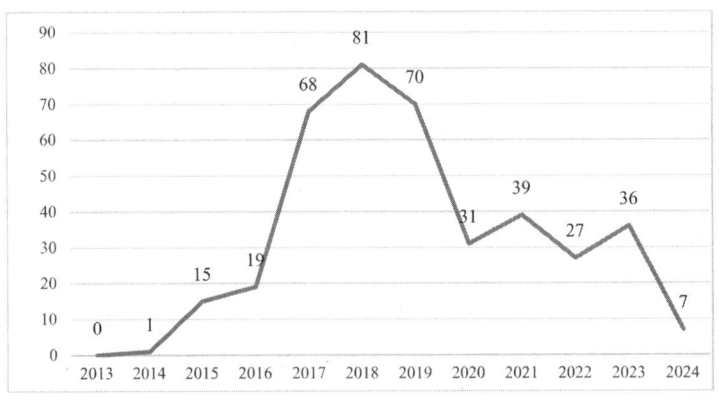

图 4-8 《纽约时报》对共建"一带一路"倡议的报道量

---

① 关于《纽约时报》的获奖情况，参见 https://www.nytco.com/company/prizes-awards/.

鉴于样本数量众多，我们采取系统抽样的方式，从每20条新闻抽取一条，具体如表4-3所示。

表4-3 《纽约时报》关于"一带一路"的报道

	英文标题	中文翻译	发布时间
1	Gift-bearing officials try to lure Chinese factories inland	送礼官员试图引诱中国工厂进入内地	2014年8月28日
2	Q. and A.: Yan Xuetong urges China to adopt a more assertive foreign policy	问答：阎学通敦促中国采取更加自信的外交政策	2016年2月10日
3	Scrutiny for island casino with Trump Ties	与特朗普关系密切的岛屿赌场审查	2017年5月5日
4	China turns economic engine toward clean-energy leadership	中国将经济引擎转向清洁能源引领	2017年6月6日
5	What the world's emptiest international airport says about China's influence	世界上最空旷的国际机场如何评价中国的影响力	2017年9月17日
6	China is pushing its luck with the West	中国正在与西方碰碰运气	2017年12月28日
7	In hock to China, Sri Lanka gave up territory	作为对中国的亏欠，斯里兰卡放弃了领土	2018年6月26日
8	China's weight fuels reversal by Trump on foreign aid	特朗普对外援助政策转向中国	2018年10月15日
9	Turning tyranny into a client	把暴君变成客户	2018年12月16日
10	China sees a forgotten italian port as a coveted gateway to Europe	中国将被遗忘的意大利港口视为通往欧洲的门户	2019年3月19日
11	Pakistan says separatists killed 5 in shooting attack at luxury hotel	巴基斯坦称分离主义分子在豪华酒店枪击案中造成5人死亡	2019年5月13日
12	Activists in Belarus quietly object as China pours money into the country	白俄罗斯活动人士悄悄反对中国向该国注资	2019年7月21日
13	Beijing battles the blow to its image as a power	北京努力应对国际形象受损的冲击	2020年3月7日
14	How to meet our global challenges	如何应对全球挑战	2020年12月21日

续表

	英文标题	中文翻译	发布时间
15	China is warry of U.S. pullout in Afghanistan	中国对美国从阿富汗撤军感到担忧	2021年7月21日
16	10 Pakistani soldiers die in attack by separatists	10名巴基斯坦士兵在分离主义分子的袭击中丧生	2022年1月29日
17	China's xxx in xinjiang cannot go xxx	新疆问题	2022年10月3日
18	At G20 in India, Biden looks to shore up ties	在印度举行的G20峰会上，拜登希望加强两国关系	2023年9月9日
19	E.U. Leaders in China press China on Russia	欧盟领导人在中国就俄罗斯问题向中国政府施压	2023年12月8日

经过对选定语料库的深入分析，可以发现《纽约时报》在报道中国共建"一带一路"倡议时，频繁提及一系列负面议题，其报道偏向负面的比例高达89%。具体而言，在经济层面的报道中，该媒体采用了诸如"经济秩序的倒错"来质疑中国的经济模式，通过"分裂的社会经济景象"来放大中国内部的贫富差距，并以"合作僵局"来描述中外经贸关系的紧张状态。而在政治议题上，该报则聚焦于渲染中国追求全球霸权的意图，强调中国边疆地区的民族冲突，并对中国的言论自由等议题进行过度解读和歪曲。

这也从侧面揭示了一个现象，即美国主流媒体在报道中国时，普遍呈现出一种强烈的负面倾向。这种负面视角并非偶然，而是基于一种对中国根深蒂固的刻板印象。值得注意的是，尽管中国坚定不移地全面扩大开放，中外交流活动日益频繁，但美国主流媒体的这种负面报道并未因此而减少，反而随着中国的发展和强大而变得更加复杂多样。

进一步探究，我们发现这些报道所引用的信息和观点，大多源自西方意识形态和文化价值观的视角。表面上，它们援引某些专家学者、普通公众以及反华势力的观点，貌似客观中立，实则巧妙地传递了西方的声音和立场。这种报道手法，无形中掩盖了其背后的偏见和利益化倾向，使读者在不知不觉中接受了其预设的负面框架。

（二）英国《泰晤士报》

《泰晤士报》由英国出版商约翰·沃尔特（John Walter）于 1785 年 1 月 1 日在英国伦敦创刊，是一张历史悠久、经历曲折的报纸。原名"每日天下纪闻"（*The Daily Universal Register*），1788 年 1 月 1 日起改用现名。该报原属泰晤士报业公司，1981 年被美籍澳大利亚报业巨头鲁珀特·默多克（Rupert Murdoch）收购。《泰晤士报》的销量并不算多，仅有约 45 万份，但是它不仅蜚声英国报坛，被誉为"最为权威性的报纸"，而且在全球也享有很高的声誉。这家被西方新闻学者称为"现代新闻事业鼻祖"的报纸是世界上连续出版的少数古老报纸之一，其读者主要为政商界、知识界等社会精英群体，各国外交部和研究机构一般也均有订阅。《泰晤士报》一直秉承"独立地、客观地报道事实"的宗旨，报道风格严肃，报道偏向保守。近年来的统计数据显示，《泰晤士报》纸质版发行量和网络版阅读量均呈上升趋势，其影响力也在逐渐扩大。

《泰晤士报》对共建"一带一路"倡议的报道量如图 4-9 所示：

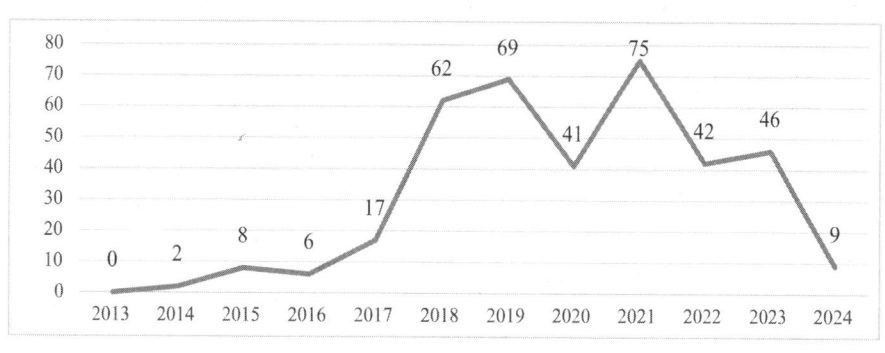

图 4-9　《泰晤士报》对共建"一带一路"倡议的报道量

如图 4-9 所示，从报道数量来看，《泰晤士报》对共建"一带一路"倡议的第一个报道高峰出现在 2018 年，报道数量达到 62 篇。2018 年 10 月 30 日，第五届"一带一路"媒体合作论坛在海南博鳌开幕，报道集中在了论坛情况、中英关系以及共建"一带一路"倡议所带来的政治和经济影响。第二个报道高峰出现在 2019 年，报道数量达到 69 篇。2019 年 3 月，中国国家主席习近平对意大利进行国事访问，中意双方签署关于共同推进"一带一路"建设的谅解备忘录。意大利成为首个签署该协议的 G7 国家。意大利签署备忘录后，仅 3 月 21 日一天，《泰晤士报》就有 2 篇关于此话题的报道，从中也可以看出英国对欧洲国家加入共建"一带一路"倡议的关注程度之高。第三个报道高峰出现在 2021 年，报道数量为 75 篇。其中，一部分报道将疫情与"一带一路"建设相关联，内容涉及"人类命运共同体"、中国的"疫苗外交"等。2021 年美国提出了"重建更美好世界"计划，一部分报道将其与共建"一带一路"倡议进行了比较。

《泰晤士报》对共建"一带一路"倡议的报道主题集中在政治和经济两个方面，而对军事、文化、社会等方面则涉及较少。据统计，其中负面报道占 27%，正面报道占 14%，中性报道占 59%。

运用相同的抽样方法，可以得出《泰晤士报》的语料。

表 4-4 《泰晤士报》关于"一带一路"的报道

	英文标题	中文翻译	发布时间
1	China hails its new "maritime silk road"	中国为其新的"海上丝绸之路"欢呼	2014 年 9 月 16 日
2	FTSE takes Silk Road to another record high	富时指数使丝绸之路再创新高	2017 年 5 月 16 日
3	Theresa May pledges to "step up" relationship with China	特雷莎·梅承诺"加强"与中国的关系	2018 年 1 月 31 日
4	HSBC to power ahead in "areas of strength", says new chief John Flint	新任首席执行官范宁表示，汇丰银行将在"优势领域"取得领先	2018 年 6 月 12 日
5	US seeks Indian support against China's expansion	美国寻求印度支持反对中国扩张	2018 年 9 月 26 日
6	Weak markets and trade tensions weigh on HSBC profits	疲软的市场和贸易紧张局势影响了汇丰的利润	2019 年 2 月 19 日
7	China denies Belt and Road debt trap	中国否认"一带一路"债务陷阱	2019 年 4 月 26 日

续表

	英文标题	中文翻译	发布时间
8	Beijing ups its game on social media	北京在社交媒体上大放异彩	2019年7月17日
9	How China turned itself into a player on the world stage	中国是如何成为世界舞台上的一员的	2019年12月27日
10	China's drones help it become second biggest arms exporter	中国无人机帮助其成为第二大武器出口国	2020年6月9日
11	To counter China, Britain needs a digital currency	为了对抗中国，英国需要一种数字货币	2020年11月25日
12	The Times view on New Zealand, China and Australia: Trans-Tasman Tensions	《泰晤士报》对新西兰、中国和澳大利亚的看法：跨塔斯曼紧张局势	2021年4月28日
13	EU welcomes Biden with open arms...but can he heal the wounds?	欧盟张开双臂欢迎拜登……但他能治愈伤口吗？	2021年6月18日
14	Biden challenges Beijing with rival scheme to Belt and Road scheme in South America	拜登在南美以"一带一路"计划挑战北京	2021年9月29日
15	China rolls out red carpet to Gulf nations	中国为海湾国家铺上了红地毯	2022年1月11日
16	Liz Truss calls for more Commonwealth trade	利兹·特拉斯呼吁加强英联邦贸易	2022年7月28日
17	Universities have "risky" ties to China	大学与中国有着"危险"的联系	2023年1月24日
18	Xi Jinping's expert answers Venetian prayer	中国专家满足了威尼斯商人的夙愿	2023年8月26日
19	Think dear Uncle Joe's angelic? Think again	你认为亲爱的乔叔叔是天使吗？再想想	2023年11月10日

相较于《纽约时报》，《泰晤士报》在涉及共建"一带一路"倡议的新闻报道中，虽表面维持客观中立的姿态，实则通过精细的新闻框架构建，隐含对中国的深刻偏见。在部分报道中，《泰晤士报》运用负面的词汇和叙述，对读者造成认知上的混淆，采用隐喻的手法构建出一个围绕"一带一路"的负

面认知图景。这一做法不仅反映了西方媒体对中国持有的意识形态偏见,还试图将共建"一带一路"倡议解读为不同于"马歇尔计划"的新型策略,而是中国用以逐步渗透和"剥离"西方世界多层结构的一种手段。

值得注意的是,这些报道在逻辑推导上显得较为薄弱,往往直接采用如"分裂"等词汇对共建"一带一路"倡议进行描述,并通过"剥洋葱"这一隐喻为读者预设了一个负面的主观印象,从而产生误导效应。此外,部分报道还采用与主题无直接关联的负面信息来塑造一个扩大的想象空间。特别是一些报道将香港暴乱问题与共建"一带一路"倡议相关联,试图塑造出关于中国形象的负面想象空间。这种做法不仅缺乏严谨性,也损害了新闻报道的公正性和客观性。

(三)"欧盟动态"

欧盟新闻网站"欧盟动态"(Euractive)是当前最活跃、规模最大的欧盟媒体之一,专注报道欧盟新闻。它创始于1999年,总部位于布鲁塞尔,作为网络媒体平台,有12个语言版本,每月有近100万读者。

"欧盟动态"对共建"一带一路"倡议的相关报道量如图4-10所示:

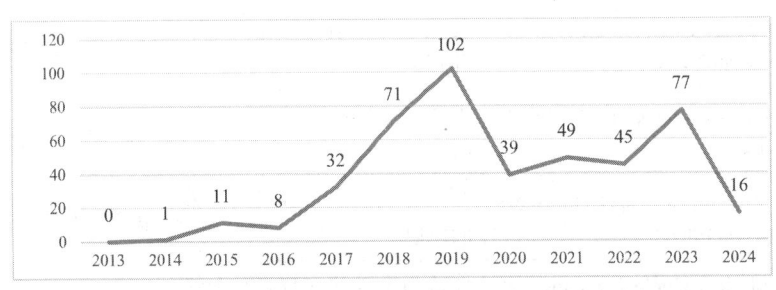

图4-10 "欧盟动态"对"一带一路"倡议的报道量

如图4-9所示,2017年至2019年报道量逐年攀升,2019年到达第一个波峰,2023年迎来了第二个波峰。这种变动的形势与前文分析相一致,不再赘述。

从报道内容上来看,"欧盟动态"关注中欧经贸关系、华为5G技术可能给欧洲带来的风险以及中亚各国的动向,并在中、美、日、欧等国际关系层面讨论该议题。

我们运用相同的抽样方法,得出"欧盟动态"的语料,如表4-5所示。

表4-5 "欧盟动态"关于"一带一路"的报道

	英文标题	中文翻译	发布时间
1	Jeremy Rifkin: Digital revolution could bind China to Europe	杰里米·里夫金:数字革命可能将中国与欧洲联系在一起	2014年11月26日
2	China champions globalisation with new Silk Road summit	中国通过新一届丝绸之路峰会支持全球化	2017年5月11日
3	A new era for China brings new opportunities to all	中国的新时代给所有人带来了新的机遇	2017年11月6日
4	EU warns UK-centered China import scam may shift to Europe's "Silk Road"	欧盟警告称,以英国为中心的中国进口骗局可能转向欧洲的"丝绸之路"	2018年6月6日
5	Caspian Five settle row over sea's legal status, demarcation pending	里海五国解决一路领先海法律地位的争端,划界悬而未决	2018年8月13日
6	The Brief —How meaningful can a Brexit vote be?	简报——英国脱欧投票有多大意义?	2018年10月31日
7	EU urges China to progress on demands to dispel "frustration"	欧盟敦促中国在消除分歧的要求上取得进展	2019年3月21日
8	Shareholders block China's €9bn bid for Energias de Portugal	股东们阻止中国90亿欧元收购葡萄牙能源公司	2019年4月25日
9	Kazakhstan calls EU's new Central Asia strategy "visionary"	哈萨克斯坦称欧盟新的中亚战略"富有远见"	2019年5月29日
10	Eurasia comes together in Nur-Sultan, but differences are still big	欧亚大陆在努尔苏丹走到了一起,但分歧仍然很大	2019年9月25日
11	2020: Critical year for EU-China relations	2020年:中欧关系的关键一年	2019年12月26日

续表

	英文标题	中文翻译	发布时间
12	Wang Yi's mission in Europe started in Italy	王毅欧洲之行始于意大利	2020年8月26日
13	EU prioritises climate, connectivity, regional cooperation in its Kazakhstan relations	欧盟在与哈萨克斯坦关系中优先考虑气候、互联互通和区域合作	2021年5月5日
14	Global Europe Brief: EU's Olympic dreams shattered	全球欧洲简报：欧盟的奥运梦想破灭	2021年7月23日
15	Digital Brief powered by Google: DGA adopted, AI Act moves ahead	谷歌提供的数字简报：DGA通过，人工智能法案向前推进	2021年12月3日
16	Western leaders gear up against Chinese influence	西方领导人准备对抗中国的影响力	2022年6月27日
17	EU-Africa relations: Counting the spillover costs from Russia's war	欧盟与非洲关系：计算俄罗斯战争的溢出成本	2023年1月6日
18	German MEP: EPP election strategy also targets EU development policy	德国欧洲议会议员：欧洲人民党选举战略也针对欧盟发展政策	2023年6月28日
19	The Brief—Let China pay for our green transition	简报——让中国为我们的绿色转型买单	2023年9月19日
20	EU Commission looks to future with the launch of its Global Gateway forum	欧盟委员会展望未来，推出全球门户论坛	2023年10月25日
21	China's Xi to woo close ally Hungary with more investment	中国将向亲密盟友匈牙利提供更多投资	2024年5月8日

"欧盟动态"在报道共建"一带一路"倡议时，聚焦于经济合作与投资项目、地缘政治影响、风险评估与监管以及环保与可持续发展等多个方面。在报道中，"欧盟动态"强调了经济利益在共建"一带一路"倡议中的重要性，同时也指出地缘政治风险对欧洲安全的影响。欧盟国家普遍关注中国在该倡议下的投资行为，担忧可能带来的不确定性和潜在威胁。因此，欧

盟在监管和治理方面加强了对中国投资的审查，以确保项目的合规性和可持续性。

除此以外，相关报道还关注了欧盟自身提出的全球门户计划。这一计划旨在通过加强欧盟与其他国家和地区的互联互通，推动全球范围内的可持续发展，并在一定程度上与共建"一带一路"倡议形成对比和互补。一方面，欧盟认为这两个倡议都为世界经济的发展带来了机遇；另一方面，欧盟也担忧其可能带来的地缘政治风险。

从报道倾向性而言，对于共建"一带一路"倡议持否定态度的报道占5%，占比较小，显示出欧盟总体对于该议题认可度较高。在持否定态度的报道中，提到欧洲希望通过"全球门户计划"来抵消中国通过共建"一带一路"倡议对于中低收入国家的经济控制，但与美国媒体不同，"欧盟动态"对共建"一带一路"倡议的态度仍偏向中性和肯定，认为欧盟在贸易方面应当保持开放，并鼓励中国政府发挥更积极的作用，与欧洲一起应对全球挑战。

四、共建"一带一路"倡议全球传播生态图景

根据前文主流媒体对于共建"一带一路"倡议的全球传播实践，本书尝试描绘该倡议的全球传播生态图景，着重探讨中国主流媒体、共建国家的主流媒体以及以美国为代表的主流媒体在传播共建"一带一路"倡议过程中所扮演的角色与产生的影响力，并分析政治博弈在其中的作用。

（一）以中国主流媒体为核心形成了共建"一带一路"倡议正面传播中心

从2016年开始，由中国国务院新闻办公室发起，"一带一路"共建国家的媒体和文化机构在北京成立了"一带一路"媒体传播联盟，并发布"丝路电视跨国联播网"等合作项目，计划在不同国家的固定频道和时段、以当地语言播出《丝路电视》节目，并加上"B&R TV"统一台标。在2016年4月18日举行的"一带一路"媒体传播联盟主题论坛上，来自中国五洲传播中

心，美国国家地理频道、探索频道、历史频道，新加坡亚洲新闻台以及蒙古国国家公共电视台等17家媒体机构的代表签署了《"一带一路"媒体传播联盟倡议书》。媒体传播联盟发布了"丝路电视跨国联播网"合作项目，借以整合思路沿线媒体资源，打造从节目内容制作到联合传播再到市场运转的产业链。

在共建"一带一路"倡议的全球传播中，以中国为核心的主流媒体（包括中央电视台、《人民日报》、新华社、《中国日报》等）发挥着至关重要的作用。它们凭借强大的传播力和影响力，成为共建"一带一路"倡议的主要传播者。这些媒体通过新闻报道、评论分析、专题报道等多种形式，全面、深入、系统地宣传共建"一带一路"倡议的理念、目标、进展和成果等，形成了强大的舆论场，为共建"一带一路"倡议的全面推进营造了良好的国际舆论环境。同时，这些主流媒体还通过国际合作与交流，将共建"一带一路"倡议传播到世界各地。它们与"一带一路"共建国家的媒体开展广泛的合作，共同策划和组织报道，增进了共建国家对"一带一路"倡议的了解和认同。

中国主流媒体对于共建"一带一路"倡议的传播是"一带一路"全球传播的核心，它们比其他国家的主流媒体更加靠近信源，以得天独厚的优势可以第一时间将"一带一路"建设的相关信息发布出去，我们从媒体报道数量即可看出，中国主流媒体在"一带一路"议题的传播方面发挥了举足轻重的作用。

（二）共建国家媒体对共建"一带一路"倡议的报道态度总体向好

共建国家媒体在共建"一带一路"倡议的传播中也发挥了积极作用。这些媒体通过对"一带一路"项目的报道和评论，传递了当地民众对共建"一带一路"倡议的积极态度和期待。它们报道了"一带一路"项目在当地的实施情况、取得的成果以及对当地经济、社会、文化等方面的影响，展现了共建"一带一路"倡议给共建国家带来的实实在在的好处。

（三）以美国主流媒体为代表形成了共建"一带一路"倡议的负面传播中心

以美国主流媒体为代表形成了共建"一带一路"倡议的负面传播中心。这些媒体在报道中，对共建"一带一路"倡议提出了疑问和批评。它们认为共建"一带一路"倡议是中国在全球范围内进行地缘政治扩张的工具，可能对其他国家产生负面影响。

这些负面报道和评论主要集中在以下几个方面：一是对共建"一带一路"倡议的经济目的和动机提出疑问，认为其背后隐藏着中国的地缘政治野心；二是对"一带一路"项目的实施情况和效果提出批评，认为其存在一些问题，如让中低收入国家陷入债务陷阱、项目透明度不高、环保问题严重等；三是担忧共建"一带一路"倡议对国际秩序和全球治理的影响，认为其可能挑战现有的国际体系和规则。

这些负面报道和评论不仅在欧盟、英国等非共建国家中产生了较大的影响，使得这些国家的媒体和民众对共建"一带一路"倡议持有疑问，同时也对共建国家形成了一定的冲击，一些共建国家的政府和民众对"一带一路"项目持谨慎态度，对项目的推进产生了一定的阻力。

（四）政治博弈在共建"一带一路"倡议全球传播中的作用

从上述分析可以看出，政治博弈在共建"一带一路"倡议的全球传播中起到了十分重要的作用。不同国家之间的政治关系、经济利益、文化认同等因素都会影响对共建"一带一路"倡议的认知和评价。因此，在推进共建"一带一路"倡议的过程中，我们不仅应充分考虑不同国家的政治立场和利益诉求，同时也要加强对共建"一带一路"倡议的宣传和解释工作，一方面积极向国际社会传递共建"一带一路"倡议的正面信息，增强国际社会对共建"一带一路"倡议的认同和支持，另一方面也要对负面报道和评论及时进行回应和澄清，消除误解和疑虑，为共建"一带一路"倡议的全面推进营造良好的国际舆论环境。在传播中，尽量淡化"一带一路"的政治色彩、官方色彩、中国色彩，突出"一带一路"的经济色彩、民间色彩、世界色彩，消除"一带一路"沿线国家的疑虑，吸引更多的国家、组织、企业和个人积极参与到"一带一路"建设中来。

第二节 主流媒体传播共建"一带一路"倡议存在的问题

共建"一带一路"倡议自提出以来，中国主流媒体在其传播过程中发挥了重要作用。虽然其影响力不断扩大，但也难免不被外界所误解，容易陷入"自说自话"的尴尬境地，尤其是面对以美国为代表的西方主流媒体的质疑和抹黑，中国主流媒体未能充分予以回应和反击，在共建"一带一路"倡议的正面传播与负面传播两种力量的较量中未能完全把握优势，是当前面临的主要问题。

一、正面传播：中国主流媒体缺乏对共建"一带一路"倡议内涵的系统诠释

在深入研究国际主流媒体对共建"一带一路"倡议的报道后，不难发现一个显著的现象：这一全球性的合作框架在传播过程中，其深度和广度往往受限于与中国相关的国际重大活动。每当这些活动成为焦点，媒体对"一带一路"的报道便会随之增多，而一旦这些活动落幕，相关报道便迅速降温。然而，这种波动性的传播模式背后，隐藏着主流媒体对共建"一带一路"倡议内涵缺乏系统诠释的深层次问题。

共建"一带一路"倡议中的"五通"——政策沟通、设施联通、贸易畅

通、资金融通、民心相通，每一个方面都蕴含着丰富的深层次意义，它们共同构成了这一倡议的核心价值。然而，在媒体的报道中，这些重要内容往往被一笔带过，鲜有深入解读和全面阐述。即使是提及"五通"的报道，也大多停留在表面，没有深入挖掘其背后的深层含义和战略意义。

在 Factiva 的搜索结果中，从 2013 年 9 月至 2024 年 5 月这段时间内，仅有 28 篇文章报道了与"五通"相关的内容。这些报道大多是在某些国际会议的议程中提到"五通"，并以此为基础展开圆桌讨论。但令人遗憾的是，这些报道往往只是点到为止，未能对"五通"的具体内容和实施细节进行深入分析。这种蜻蜓点水式的报道方式，不仅无法全面展现共建"一带一路"倡议的丰富内涵，更无法让国际社会真正理解其深远意义。

更值得注意的是，主流媒体在报道"一带一路"时，往往将其与"中国"紧密联系在一起，使得这一全球性的合作框架带上了过于浓厚的政治色彩。这种报道方式不仅不利于共建"一带一路"倡议的全球传播，更可能引发一些不必要的误解和疑虑。因此，主流媒体在报道共建"一带一路"倡议时，应该更加客观、全面地介绍其内涵和战略意义，避免将其过度政治化。同时，也应该深入挖掘"五通"等核心内容的深层含义和战略价值，让国际社会真正理解和接受这一全球性的合作框架。

二、负面传播：国外主流媒体对中国理念与中国倡议持警惕和质疑态度

国际传播是指"以大众传播为支柱的国与国之间的传播"[1]，"这种过滤式的传播……其最高原则就是国家利益……带有明显的政治倾向性和意识形态色彩"[2]。美国学者赫伯特·席勒（Herbert Schiller）在《大众传播与美利坚帝国》（*Mass Communications and American Empire*）中首次提出"媒介帝国主

---

[1] 郭庆光.传播学教程[M].北京：中国人民大学出版社，1999：242.
[2] 程曼丽.信息全球化时代的国际传播[J].国际新闻界，2000（4）.

义"的概念，用以解释当今世界存在的一种跨国媒体的全球化支配现象。"媒介帝国论将以一种宽泛而普遍的方式得到使用，以便描述这样的过程：现代媒介借此来发挥作用，以在世界范围内创造、维系并扩展各种主导性和附庸性的体系。"① 拥有强势话语权的西方媒体在对共建"一带一路"倡议进行报道时，将这种"媒介霸权"运用得淋漓尽致。它们采用了一系列"后现代主义"的操作方法，如拼贴、杂糅、剪切、相互分解等手段，以颠覆、否定、拒绝、抵制等非理性方式对共建"一带一路"倡议进行污名化传播。②

对于媒体来说，"评论"最能代表该媒体的"立场""态度""认知"。以美国主流媒体为代表的西方主流媒体，他们在评论与中国相关的"事件"或"活动"时，总是以"西方标准"或"美国标准"为标杆，来评论甚至攻击中国。我们这里呈现一组《纽约时报》涉及共建"一带一路"倡议的"评论"文章，如表4-6所示：

表4-6 《纽约时报》关于"一带一路"的评论文章标题节选

	英文标题	中文译名及其意涵	发布时间
1	China's newest propaganda format: children's bedtime stories told in English	中国最新的宣传形式：用英语给孩子讲睡前故事（认为中国正在通过对下一代的教育来渗透其对世界的野心）	2017年5月10日
2	Xi Jinping positions China at center of new economic order	习近平将中国置于新经济秩序的中心（认为中国正在努力将自己推上世界第一的位置）	2017年5月15日
3	Chinese ways of empire, then and now	中国的帝国方式：过去和现在（将中国刻画为一个威权帝国形象）	2017年7月1日
4	China takes aim at west's global clout	中国瞄准西方的影响力（认为共建"一带一路"倡议是中国扩大自身影响力的手段）	2017年9月2日

---

① 史蒂文森.认识媒介文化[M].王文斌，译.北京：商务印书馆，2001：173.
② 黄俊，董小玉."一带一路"国家战略的传播困境及突围策略[J].马克思主义研究，2015（12）：121-127.

续表

	英文标题	中文意涵	发布时间
5	China's power, rejuvenated by force	武力复兴的中国力量（认为中国正在用强硬的手段改变世界秩序）	2018年1月7日
6	China's inexorable rise is helped by Trump's retreat	中国不可阻挡的崛起得益于特朗普的退让（认为中国所谓的不可阻挡的崛起，其实最终还是要归结于美国退让性政策的帮助，中国借此机会才会壮大实力，发展成为大国）	2018年1月18日
7	America has little to fear from a China-centered world	美国对一个以中国为中心的世界无所畏惧（认为美国并不害怕同中国的竞争）	2018年1月25日
8	Great Walls	长城（认为共建"一带一路"倡议是中国将自身置于世界舞台中央的武器）	2018年2月11日

可以看出，这些评论文章将共建"一带一路"倡议与"军事竞赛""经济侵略""中美竞争"等挂钩，充满了负面认知，已经十分荒谬了。这足以说明在以美国为代表的西方主流媒体中，共建"一带一路"倡议仍无法摆脱对方的敌意。

从西方的文化认知角度来说，中西之间的固有文化差异直接导致了这样的结果。随着中国在经济、科技、军事等各个领域的全面崛起，中国的一言一行都被高度关注。在这个过程中，中国提出的理念和做法，难免要受到质疑和误解，认为这是中国要挑战美国"霸主"地位的一种宣言，认为中国正在试图改变现有世界秩序和行为规则，成为全球发展中的不稳定因素。

三、正负交织："西强东弱"的全球传播现状

在全球传播生态中，关于共建"一带一路"倡议的传播呈现出显著的不均衡性。正负力量的交织形成了"西强东弱"的全球传播现状。中国虽在正

面传播上占据了一定的数量优势，但实际效果却相对有限。相反，以美国为首的西方国家对于共建"一带一路"倡议的负面传播，凭借其技术优势和市场影响力，在话语权上占据了核心地位。这一现象的背后，有多重深层次原因值得探讨。

首先，从全球传播实力的较量来看，西方国家长期以来在新闻传播、国际公关、文化输出等领域拥有深厚的积累和强大的影响力。他们凭借先进的传播技术和成熟的传播机制，能够在全球范围内迅速传播信息，并塑造出符合自身利益的舆论环境。相比之下，中国在全球化传播方面的实力和影响力仍处于劣势。

其次，在新闻实践的全球化传播图景中，新闻实践在全球层面变得越来越国际化和同质化（Homogenized）了。信息传播技术的发展、媒体数量的增加和类型的多样化并未使传播变得更有效，相反，"媒介流言"现象层出不穷。不仅大多数发展中国家仍然受制于"依赖理论"[①]提出的问题，其他国家和地区的媒体，比如英国的天空电视台、卡塔尔的半岛电视台等，从欧洲到中东，再到亚洲、拉美，各国的国际新闻报道都会跟随着华盛顿的外交政策议程走。近三十年的国际传播实践也向我们印证了这一点。美国所有重要外交政策和活动，从波斯湾到伊拉克，从阿富汗到叙利亚，甚至"9·11"事件也发展成为全球的反恐战争。可以说，全球国际新闻报道更多地倾向于跟随美国的议题设置。

最后，以美国为首的西方国家对于共建"一带一路"倡议的负面传播，往往带有明确的政治意图和利益考量。他们通过渲染"中国威胁论"、质疑项目透明度等手段，试图削弱共建"一带一路"倡议的国际声誉和影响力。而中国媒体在面对这些负面传播时，往往缺乏有效的应对策略和反击手段，导致在国际舆论场上处于被动地位。

此外，中国在共建"一带一路"倡议的全球传播中还面临着话语表达和

---

① 依赖理论（Dependency Theory），指20世纪60年代晚期由拉丁美洲学者所提出的一套国际关系与发展经济学理论。它将世界划分为先进的中心国家与较落后的边陲国家，后者在世界体系中的地位使之受到中心国的盘剥，故得不到发展，或产生腐败等弊病。

传播方式上的挑战。一方面，由于中西方历史、文化等方面的差异，中国的话语表达方式往往难以被西方受众所理解和接受；另一方面，中国主流媒体"拘泥于国内话语体系的习惯或意识形态表达，不仅容易造成自说自话和国外受众的'审美疲劳'，甚至会引发国外媒体对抗式的报道或解读，不利于中国价值观的国际传播"[①]。这导致即使有一些优秀的"一带一路"故事和案例，也因为缺少合适的传播渠道，难以在国际舞台上产生广泛的影响力。

针对以上问题，中国需要从多个方面入手加强共建"一带一路"倡议的传播效果。首先，着力加强国际传播能力建设、提升中华文化影响力，构建具有鲜明中国特色的战略传播体系，提高掌握国际话语权的能力和水平。其次，要深入研究西方国家媒体的传播策略和手段，制定有效的应对措施。同时，还要创新话语表达方式，在增强贴近性上下功夫，以更易于为西方受众所接受的传播方式，提高"一带一路"故事的传播效果和国际认同度。

第三节　全媒体综合协同施力传播人类命运共同体理念

在当前的国际形势下，对于中国来说，共建"一带一路"倡议的全球传播，已经成为攸关国家利益的核心问题。当然，这里不要产生误解，这种"中国国家核心利益"的"核心"，恰恰是共建"一带一路"倡议所极力主张的"共同价值观""全球治理智慧共享"等超越任何国家"一己之私"利益的"人类利益"。据此，国内学术界已经在积极呼吁把共建"一带一路"倡议的

---

① 蔡馥谣.提升"一带一路"背景下中国价值观国际传播力的思考[EB/OL].（2019-06-05）[2024-08-30］. http://ydyl.china.com.cn/2019-06/05/content_74856568.htm.

全球传播从"传播战略"①提升为"战略传播"②。

一、厘清共建"一带一路"倡议全球传播的议题边界

首先,中国主流媒体对共建"一带一路"倡议的正面传播应与其他政治议题相切割,形成精准、独立的传播体系,主动与"人类命运共同体"理念相勾连。之所以要与其他政治议题进行明确切割,是为了确保信息传递的清晰度和专一度。与此同时,构建与"人类命运共同体"理念相勾连的话语体系,强化共建"一带一路"倡议作为开放、包容、共赢的国际合作平台的全球认知。

具体而言,中国主流媒体在报道共建"一带一路"倡议的相关新闻时,应当突出共建"一带一路"倡议作为连接不同国家和地区、促进全球经济合作与文化交流的重要桥梁角色,避免过度强调其与中国国内政治议题的关联。例如,在"一带一路"新闻合作联盟的平台上,虽然报道内容应主要围绕"一带一路"的进展与成果,但应避免在网站上混杂过多与"一带一路"并无直接关联的中国新闻,以免分散受众注意力,削弱共建"一带一路"倡议的国际影响力。

此外,中国主流媒体在报道中应深入挖掘共建"一带一路"倡议与"人类命运共同体"理念的内在契合点,通过具体案例和生动故事,展现"一带一路"如何促进共建国家的共同发展、共同繁荣,进而推动构建更加公正合理的国际秩序。这种深度传播不仅有助于提升共建"一带一路"倡议的国际

---

① "传播战略"是在战略高度重新思考和建构传播实践问题,是传播主体融汇政治、经济、文化、宗教等因素的宏观综合考量,根据内部条件和外部环境统筹制定总体规划,包括战略目标、战略具体实施的途径和手段等。
② 战略传播指国家政府层面作为实践主体,综合使用政治、经济、文化、军事、外交等各种渠道和工具把握全球舆论、态度及文化,并通过一系列整合传播策略来影响人们的态度与行为,构建维持或强化有利于国家利益、政策实施等的全球传播拟态环境。战略传播的实质或者核心就是由国家作为行为主体的宣传思路和实践的回归,是国与国之间战略博弈的无声较量。

形象，同时也能增进国际社会对中国发展理念和全球治理理念的认同与理解。

二、加大共建"一带一路"倡议在国际主流媒体上的投放量

在前文导论的文献析论中，我们已经看到，关于人类命运共同体理念，在国内媒体上的热度、普及度自不必多说，但国际主流媒体对其的传播与认可仍有较大的提升空间。因此我们应加大共建"一带一路"倡议在国际主流媒体上的投放量。

首先，国内主办的国际媒体应加大对共建"一带一路"倡议系统的、直接的、持续的报道和传播，用鲜活的具体事例进行正面解读。

其次，积极开展与国际主流媒体的合作，利用多方面的力量进行宣传报道。我们甚至可以以这些媒体为阵地，展开对共建"一带一路"倡议的"争论""讨论""评论"等，吸引更多受众参与到共建"一带一路"倡议的传播中来。

再次，时代是发展的，国际局势也是不断变化的，共建"一带一路"倡议的内容也应与时俱进，不断升华与更新。我们要源源不断地传播输送关于共建"一带一路"倡议的新的信息、新的语料、新的论断、新的思想等，持续推进共建"一带一路"倡议的有效传播。

最后，对质疑和误解观点"宜疏不宜堵"。当前国内主流媒体在面对有关共建"一带一路"倡议的误读时，由于国际传播力量悬殊，辩解显得力不从心。随着全球化时代的发展，完全封堵信息是不可能实现的。那么当面对这些质疑和误解观点时，如何优化信息传播？如何疏导与控制不良信息的泛滥？这些都是我国主流媒体应认真思考的问题。这里我们所强调的"宜疏不宜堵"，是指在面对质疑和误解时，采取开放和透明的态度，通过提供事实和真相来疏导舆论，而不是封堵或回避问题。

三、利用全媒体协同对共建"一带一路"倡议进行全球传播

在这个日新月异的时代，信息的洪流如潮水般汹涌澎湃，对任何内容的

传播，如果仅仅依靠传统媒体，已经很难实现想要达到的传播效果。对于共建"一带一路"倡议的全球传播来说，就更是如此。所以，我们在加大国际主流媒体传播的基础上，也不能忽略传统媒体与新兴媒体的融合，即利用全媒体协同综合施力，提升共建"一带一路"倡议全球传播效能。

其实，在中国共产党的十八届三中全会上，中央就首次提出了"推动媒体融合发展"的重大任务，做出"推进媒体深度融合，实施全媒体传播工程"的战略部署。自2014年中央提出《关于推动传统媒体和新兴媒体融合发展的指导意见》后，媒体融合正式开启。2024年是媒体融合战略实施十周年，十年来，各级各地各类媒体从"相加"迈向"相融"，不断推进媒体深度融合发展，取得了一定成效。但总体来看，目前我国媒体融合发展的技术水平仍不断提升，融媒体建设任重道远。具体地说，全媒体传播体系内部架构的单元仍各自为政，没有完全形成"网上网下一体、内宣外宣联动、资源渠道融合、技术与内容驱动、跨界跨业重塑"的主流媒体群。

对此有学者建议，推进媒体融合和研究媒体融合须在重大格局上加以观照，各媒体必须不失时机地采纳新技术、重塑传播体系，将传播作为思考社会问题的组织方式。

前文已经指出，对于共建"一带一路"倡议的全球传播这样的宏大主题，必须全媒体协同综合施力，即以系统性和整体性思维，从战略传播的高度加强顶层设计和研究布局，从而实现对整个对外传播活动的一体化和一元化。为此，要实施全政府－全社会联动的协同式战略传播机制和模式，让所有行动者（不限于作为传播者的人，还包括传播者、传播媒介等在内的各种传播资源和要素）在国家层面统一与协调的框架下，在对外传播理念和实践上达成步调一致。

在数字化时代的浪潮下，TikTok作为新兴的全球性社交媒体平台，已展现出其巨大的传播潜力和影响力。各国领导人纷纷入驻TikTok，通过短视频的形式与年轻一代进行互动交流，这无疑为国际传播提供了新的契机。中国作为共建"一带一路"倡议的发起国，更应积极把握这一时代机遇，将"一带一路"的故事以短视频形式传播给大众，增强"一带一路"对年轻受众的吸引力和贴近力。

此外，为了提升 TikTok 短视频的传播效果，我们还需要深入研究年轻受众的媒介使用习惯、信息接收偏好以及文化交流需求等，通过精准的数据分析和市场调研，了解不同国家、不同文化背景下的受众特点，制定符合其需求的传播策略和内容规划。同时，加强与"一带一路"共建国家媒体的合作与交流，共同策划和制作短视频内容，推动跨文化传播和互学互鉴。

四、建构媒体渠道上的新传播秩序

过去我们讲到"传播秩序"这一概念，更多指的是"全球传播秩序"。毫无疑问，对于国际社会整体舆论"西强东弱"的局面并未改观，在此基础上探讨共建"一带一路"倡议全球传播这样的问题，很难获得理想的传播效果。因此，在构建共建"一带一路"倡议全球传播的框架下，我们需要在媒体渠道上建构新的传播秩序。

过去我们一直认为共建"一带一路"倡议的全球传播，从内涵诠释到话语表达，都只是官方主流媒体的任务，对于新兴媒体包括各种社交媒体而言，则没有这个传播权力，否则就可能"打乱了传播秩序"。其实，我们现在所提倡的正是要打破这种旧有的秩序观。对于国内传播而言，有些议题比如共建"一带一路"倡议的准确解释和表达，就有一个"规矩"或"秩序"的问题，但是，对于共建"一带一路"倡议全球传播的媒体渠道而言，则完全不必囿于这种"秩序"。要认识到共建"一带一路"倡议的全球传播，是所有媒体的重要使命，应该不分时间先后顺序、不分地点场合、不拘泥于传播形式，只要有利于共建"一带一路"倡议的全球传播，就都可以"乘胜而上"。

在推进共建"一带一路"倡议的全球传播时，我们必须摒弃传统的单向宣传观念，转向与"一带一路"沿线国家民众进行更为深入和广泛的互动交流。我们必须深刻理解国内外受众的差异性，摒弃过去以单向灌输为主导的传播模式，转而追求与受众之间平等、双向的沟通，使我们的国际传播更加贴近中国和世界发展的现实状况，更加贴近国外受众对中国信息的真实需求，以及更加贴近他们的思维方式和习惯。因此，传播要从内容和形式上作出适应性的调整。这种调整不仅要求我们在内容上提供国外受众喜闻乐见的信息，更要求我们在形式上符合国际传播的特点和原则，从而最大限度地提升传播效果。这种转变不仅是对传统传播观念的革新，更是对媒体渠道上的新传播秩序的深刻思考和积极行动。只有这样我们才能更好地推动共建"一带一路"倡议的全球传播工作，增进沿线国家民众的理解和信任，扩大"一带一路"的影响力，为构建人类命运共同体作出积极贡献。

第五章
破解共建"一带一路"倡议全球传播中的意识形态困境

中国是世界上最大的发展中国家、最大的社会主义国家。"社会主义"本身就带有了一定的政治属性。无论何种思想和理论，只要出自中国，就可能会被本能性地贴上"意识形态"的标签，就会用特定的意识形态有色眼镜被观察，就会自觉不自觉地被作为意识形态来解读。从某种意义上来说，共建"一带一路"倡议全球传播中所面临的综合困境就是"意识形态困境"。前文我们所分析的西方国家主流媒体对"一带一路"的种种误导、误解和污名化，均来源于意识形态层面，可归属于国际政治传播的研究范畴。因此，破解共建"一带一路"倡议全球传播中的意识形态困境，需要从国际政治传播视野找到症结，把问题和对策说清楚。

第一节 摒弃共建"一带一路"倡议全球传播中的意识形态偏见

一、正确认知国际传播的政治属性

国家是人类政治社会发展到一定阶段的产物，在国家产生之前，传播与人类的日常生活和各种经济文化交往活动同频同步，信息的生产与流动，基本在以血缘、地缘或职缘为纽带，集结而成的具有共同目标的利益群体内进行，小至家庭，大至国家，中有宗族、村落等。当人类社会的"政治"或治理迈入以国家为基本单元的时候，特别是经过漫长的宗教文化侵蚀人类政治事务的中世纪以后，民族国家成为遍布全球的人类政治建制，传播便开始被各种政治形态的国家所规制、所统摄。传播也一步步地、越来越深刻地被刻上国家政治的烙印。传播走出血缘家族、文化部落和经济协作等各种社会共同体之后，其被人们思想认知和理论研究以及在传播活动中实际发挥主导作用的基本形态就是国际传播。"国际传播"这一概念的出现、式微以及反转的演变过程，恰好证明和持续回应了这一理论论断。

据考证，"国际传播"这一概念最先出现于1922年，其直接的原因就是美国的"国家"意识的觉醒及其对全球国家间传播规则的规制。当时的大背景是，通信技术和传播手段提供了国际信息彼此交流的平台，重大国际事件可以通过大众媒体在世界范围内广泛传播，国际政治领域中的信息交流活动得以凸显。"三社四边"协定①所规制的传播体系已无法满足美国的需求。在国家利益与传播技术发展的双重推动下，国际传播的概念和理论体系开始盛行。国际传播理论屹立至今，国家主权、国家利益始终是其基石和轴心，也是其冲不破、打不垮的藩篱和边界，其中，意识形态扮演着至关重要的角色。

国家作为国际传播的主体，一般情况下是就国际传播的理论场域而言的。国家对国内的传播往往以"政府"的形态实现。换句话说，在传播过程中，国家与政府是合二为一的。我们平常所说的"政府"有狭义、广义之分，狭义的"政府"是指国家的行政管理机构，广义的"政府"是指由所有的国家公共权力机关（包括立法、司法、行政和军队等）所组成的整个政权。狭义的"政府"从属于国家，广义的政府即国家。②传播中使用"政府"一词，还无法刻意把它与国家区别开来，所以，一般对内来说，政府即国家。

"国家"是一个政治概念，因此，以国家为主体和主导的"国家传播"便自然以"政治"为主轴、为边界。在这个意义上，国际传播很多的时候就成

---

① 1870年哈瓦斯社、沃尔夫社和路透社等签订的分割世界新闻市场的协定（又称"联环同盟"协定）。各社活动的地域划分，大体与其所属国家的势力范围相当。该协定于1934年宣告废除。美国的纽约联合新闻社也参加了协定，但不能插足美国以外的地区，因而通常称之为"三社四边"协定。
② 达尔. 现代政治分析（第六版）[M]. 吴勇, 译. 北京：中国人民大学出版社, 2012：43.

为一种国际政治传播。所以，在任何时候，我们都不能忘记或者丢掉从政治的角度和眼光审视国际传播。

关于这一点，研究国际传播的专家罗伯特·福特纳（Robert S. Fortner）已经有明确的研究结论。他认为："从某种意义上说，所有的国际传播都具有政治性，都带有政治色彩。传播可以公开带有政治性质，也可以隐含政治色彩。"① 以国际性的"社会共同体"为例，那些"公开的政治传播"自当不必多说——所有传媒性的，特别是由政党或国家控制的传媒性的社会共同体无一不是一种政治宣传。"隐含的政治因素对联合国举办的各种活动和讨论产生的影响较多。这些活动包括和平利用外层空间委员会就有关缔结条约进行的讨论，国际电信联盟会议中所进行的讨论……隐含的政治因素还会影响到联合国各专门组织如联合国教育、科学及文化组织的其他活动，或一些委员会如研究传播问题的临时委员会的活动。尽管这些组织表面上与政治无关，但其工作进程和议题却受到各种国际势力的影响。"②

国际传播作为一种以国家利益为核心的国家行为，意识形态必然成为其最后的也是最锐利的武器。无论是经济利益还是文化价值，抑或军事竞争，在博弈的最关键时刻，都会转化成一种意识形态之争，或利用意识形态作为武器达到其他目的。可以说，自民族国家普遍建制以来的全球国际政治、经济、文化、军事场域的风云变化，政治化的国际传播理念一直主导着全球传播秩序。

在此，我们仅举一个发生在我们当下的最鲜活的例子。在中美贸易摩擦中，本来只是经济贸易领域的博弈，但是，美国的斗争手段就是不断地把贸易摩擦故意巧妙地引向意识形态甚至文明冲突层面。比如，美国前国务卿迈克·蓬佩奥（Mike Pompeo）多次公然把中美贸易摩擦视为当年共产主义阵营与资本主义阵营对峙冷战的"铁幕时代"的重现，以期达到调动全世界的

---

① 福特纳. 国际传播："地球都市"的历史、冲突与控制［M］. 刘利群，译. 北京：华夏出版社，2000：8-9.

② 福特纳. 国际传播："地球都市"的历史、冲突与控制［M］. 刘利群，译. 北京：华夏出版社，2000：9.

与中国意识形态不同的国家都来反对和遏制中国。更有甚者，原美国国务院政策规划办公室主任基龙·K.斯金纳（Kiron K. Skinner）在中美贸易摩擦最关键的时刻公然表示："这是与一个很不同的文明和不同的意识形态之间的争斗，而且美国以前没有经历过这种情况。"她甚至罔顾历史事实，大言不惭地说，美国当年与苏联的"冷战"在某种程度上是"西方家庭内部的斗争"，但现在中国是独特的挑战，因为当前中国的制度不是西方哲学和历史的产物，美国正在与中国进行一场"文明与种族的较量"。"这是我们第一次面临一个非白人的强大竞争对手。"斯金纳这一番荒谬至极的论调典型地呈现了以美国为"示范"的意识形态主导国际传播的样态。

有学者直呼：当代世界仍然是一个"意识形态的时代"，认为"意识形态的时代，既是一个充满希望的时代，也是一个困惑失望的时代。乌托邦式的幻想接踵而来，然后黯淡无光地接踵而去。正像许多其他方面所证明的，我们的现代世界又被意识形态证明，确是一个不断变化的世界"①。这个论断基本上符合现实，也就是说，我们的现实生活是离不开意识形态的。而且，在人类政治文明发展进程中，由于"政治"的差异甚至对立，意识形态成为一种激烈的政治斗争工具。"打击"甚至"消灭"对方的政治意识形态，甚至成为某些特定群体追求的政治目标和政治理想。人们在特定意识形态支配下的愿望却是"终结意识形态"——用一种意识形态"消灭"另一种意识形态。曾经沸沸扬扬的"意识形态终结论"，本身就是意识形态斗争的产物："所谓意识形态终结、历史终结以及现代性终结的论断本身也可看成一种意识形态，它们不仅没有带来意识形态的最终消亡，反而显示出意识形态争论仍然存在且很激烈；意识形态的演化还在继续，或许这是个永无休止的进程。"②

意识形态要不要传播？能不能传播？从学理上讲，意识形态具有发动政治动员、凝聚政治价值、塑造政治信仰、确立政治理想等强大的功能，这些

---

① 克拉莫尼克.意识形态的时代[M].章必功，译.上海：同济大学出版社，2006：8.
② 海伍德.政治学（第二版）[M].张立鹏，译.北京：中国人民大学出版社，2006：79.

功能的发挥过程本身就是一个动态的传播的过程，离开后者，意识形态的这些功能将无法实现。这说明，意识形态必须被传播，而且可以被传播。特定的意识形态在特定的政治共同体（如国家）内传播，这一点应该没有多大的理论分歧，而分歧在于：意识形态有无必要、能不能在国家间传播？即国际传播要不要、能不能传播意识形态？

我们应该从国际传播的事实出发来说明这个问题。客观地说，国际传播从来都或明或暗地包含着意识形态。

理论上讲，意识形态可能一定程度地积淀着人类的政治文明，因而，意识形态能否在两个或多个国家之间进行传播取决于他们具体的政治环境、政治制度、政治理想、政治信仰的相似、相近、相同的程度。据此，在国际传播中，不应不加以具体分析和判断就全然拒斥可能有一定借鉴作用的意识形态，更不应提前戴上有色眼镜，把所有富含政治色彩的传播都贴上敌对性的意识形态标签，把国家间的正常政治交往变成意识形态之争的"角斗场"。

现实情况是：一些西方国家为了维护自身的政治利益和全球霸权地位，一方面无端地猛烈抨击对方的意识形态，另一方面却把自身的意识形态通过国际传播强加给别人。"文化帝国主义"充斥着国际传播领域。当前共建"一带一路"倡议全球传播过程中所面临的意识形态困境，究其原因正在于此。以美英为首的一些西方资本主义国家，正是从他们的特有意识形态立场和观点出发，把人类命运共同体理念与共建"一带一路"倡议视为出自社会主义中国的意识形态的输出，别有用心地进行污名化、妖魔化。

二、在共建"一带一路"倡议的全球传播中秉持全球主义

人类社会的发展是以民族国家为基本治理单元而逐步进入全球化的，在这个过程中，以现代生产力迅猛发展为根基的全球经济的一体化和全球交往的"全球化"浪潮，不断地挑战着以民族国家为建制单元的国际关系和国际秩序。

"全球化"这个概念,据说最早是由美国经济学家 T. 莱维在 1985 年提出的。经济全球化指的是世界经济活动超越国界,通过对外贸易、资本流动、技术转移、提供服务、相互依存、相互联系而形成的全球范围的有机经济整体的过程。全球化从经济学概念开始,逐渐演化成一个文化和政治学概念。文化全球化指的是随着信息和商品的流通,不同文化之间的差异不断缩小而趋于一致的过程,比如卫星通信的传播、电信网络的发展、世界媒体的合作等。政治全球化指的是超国家的国际组织在政治生活中日益重要,民族国家政府决策日益受到跨国跨地区政治组织的影响。简而言之,全球化是指世界政治、经济、文化等各个要素超越国界和地域限制而互相影响并走向一体化的发展趋势。在这种趋势下,传统的民族国家之间的界限日渐模糊,世界性的、国家性的和地方性的事务互相影响,世界各个要素之间关系密切,世界变成了一个"无国界的社会"。

全球化与传播具有紧密的同质化关系。全球化过程是"社会"超越特定"国家"形态而转化为"全球"(人类)形态的过程,"全球"(地球村)是"社会"呈现的全新形态。因此可以说,这一过程也是一个传播的拓展过程。全球化对国家作为传播主体的影响和挑战是显而易见的。第一,国家不再是信息的唯一发出者。在全球化的格局中,除了主权国家外,跨国公司、国际非政府组织、个人政治精英纷纷扮演起传播的主体角色,发出自己的信息。第二,由于国家界限的模糊,传播中的信息逐步突破"国家利益"的政治性和意识形态规限,所传播的超越政治国家意义的人类性、全球性、文化性、经济性甚至娱乐性的非政治性话题增加。第三,由于国家界限的模糊,国家作为主体的综合影响力下降,作为传播主体的国家的传播控制力和影响力也随之下降。

也正是在此种情势之下,伴随着国家地位的式微,旧有的国际传播理念和理论受到了巨大的冲击。现在回过头来反思全球传播思潮的兴衰过程,表面上看是传播学冲锋陷阵,其发端却源于政治学。一向敢于面对政治现实的政治学对传播的研究开始绕过"国家"。其中,最具影响力的是美国著名政治学家戴维·伊斯顿(David Easton)所提出的政治系统理论。政治系统理论通过"高度柔塑性"的方法论把人类传播活动"去国家主体化"。它把系统论引入政治学，用系统论取代了以国家政权为核心的"统治—服从"政治理论，进而其中的"政治信息流通"（信息传播）就成为一种没有国家主体地位的系统自循环和闭环过程。应该说，这一经典理论为全球传播取代国际传播提供了一定的深度支撑。

伴随着全球化浪潮崛起的全球传播理念和理论，"以地球村为边界重建全球传播秩序"的姿态，大有去除国际传播而成为全球化时代主导性传播理论的气势。国外学者哈特就曾放言："传播不仅表达也组织着全球化运动，并通过各种手段在增值和结构其中的相互连接。它不但表现而且控制着所有传播连接中的想象的意义和方向。"[①] 诸多传播学研究者直接把全球化理解和解释为"传播的全球化"。有学者认为，全球化所意味的，无论是社会关系的强化、地域的连接还是事件的互为影响，无论是世界的压缩还是世界整体意识的增强，无论是人类生活经验的相互联系和依存还是世界的网络化，无论是图像和实践的流动还是信息的集中，都源于传播，并表现为传播。把世界上所有的民族和国家都卷入其中的全球化进程，其实是一个传播全球化的过程。

因而从本质上说，全球化是一个传播性概念。信息传播全球化的现实表征是：媒介生产和消费的全球化，以及全球和人类社会中事物的高度媒介化，全球传播语境下的人类共存于一个高度媒介化的世界内。正是因为全球化所带来的传播主体的变化，需要构建一种"全球传播学"。[②]

当然，必须认识到，这是一个艰难的过程。现实中，伴随着全球化浪潮的并不是民族国家不断弱化、国家权力不断式微的"良辰美景"，而是逆全球化崛起、民族主义猖獗、政治不确定性增加以及资本权力泛滥等。

现在的全球性景观是：风险社会成为摆在各个国家面前一道难以跨越的门槛。在此种情形之下，本来也是一种工具的传播，被全球化限于"传播技

[①] 陈卫星. 传播的观念[M]. 北京：人民出版社，2004：7.
[②] 李智. 全球传播学引论[M]. 北京：新华出版社，2010：99.

术的全球使用平台"。而且,在"国家利益"的强势主导和干预下,本来毫无政治属性的传播技术也越来越受到国界的限制。就拿被视为"最为全球化"的媒介——互联网而言,无论域名管理还是内容都深受国际格局以及国家利益的影响。负责对全球互联网地址及域名进行管理和分配的组织,其组织构成、资金来源以及域名地址分配情况与美国政府机构之间的关系已不言自明;欧盟已经开始实施一套被称为《通用数据保护条例》的法律,设立了一系列机构和条例来管控和限制科技公司的越界传播行为,紧接着,美国也建立了本国专属的互联网监管机制——数据保护局。

前面我们提到过,国家传播更多秉持的是一种国家主义,而国家主义中,立足于国家主权和国家利益的意识形态就会形成一种坚硬的传播壁垒,造成任何全球性价值的传播困境。所以,打破这种困境的有效之策就是革新我们旧有的国际传播观,把"一带一路"置于全球传播的立场和视野,用全球主义支持和支撑其整个传播进程。

与狭隘的国家主义不同,全球主义立足于全球的视野、全球的交往、全球的机制,主张一切均在全球社会内生存与发展。全球主义根源于世界各国的相互依存,是市场经济向全球扩张的必然逻辑,是人类物质文明迅速发展,特别是通信、交通的革命性变革的结果。全球主义所主张的相互依存,在政治上的表现是"国内政治国际化"和"国际政治国内化",不仅意味着"超国家权力"日益强化,同时也意味着传统上属于一国内政的事务会受到国际社会的广泛关注甚至介入,而国际舞台上发生的政治事件又会引起连锁般的国内反应。全球主义有其历史必然性、现实合理性以及强大的处理国际事务的现实意义。它要求我们在理论认识上,以宏观的历史眼光审视人类社会的发展,真正认清全球化与全球主义的大趋势;自觉认同主权的相对性,探究全球化时代主权的要旨和新的表现形态;按照民主化的原则改造国际组织,强化国际机制。

全球主义主张摈弃全球传播中的种种意识形态偏见,是我们破除共建"一带一路"倡议全球传播中意识形态困境的一计良策。

第二节　依托中国特色政治文明支撑共建"一带一路"倡议的全球传播

意识形态困境来源于西方一些发达国家在政治上对共建"一带一路"倡议的责难，其背后是对中国特色社会主义制度尤其是政治制度的不认同。这样一来，要想破除这种意识形态困境，就需要用中国特色社会主义制度尤其是政治制度的优势，即中国特色社会主义政治文明来内在地支持支撑共建"一带一路"倡议，有效破解共建"一带一路"倡议全球传播中的意识形态困境。

一、生发共建"一带一路"倡议的中国制度优势

新中国成立70年来，我们党领导人民创造了世所罕见的经济快速发展奇迹和社会长期稳定奇迹，中华民族迎来了从站起来、富起来到强起来的伟大飞跃。这一切，凝结着我们党团结带领人民不懈奋斗的丰富经验，也充分证明中国特色社会主义制度和国家治理体系具有显著优势。

"一个国家走什么样的道路，只有这个国家的人民最有发言权。一副药方不可能包治百病，一种模式也不可能解决所有国家的问题。生搬硬套或强加于人都会引起水土不服。"① "中国模式"，是中国共产党人和中国人民的独创，体现了当代中国人的智慧，体现了中国文化传统和鲜明时代精神的结合，是中国共产党在总结自身执政经验教训的基础上，在总结苏联等其他社会主

---

① 习近平.习近平谈治国理政（第3卷）[M].北京：外文出版社，2017：458.

义国家执政经验教训的基础上，在吸收人类文明成果和先进管理经验的基础上，开辟的一条中国特色社会主义道路。①中国模式有自身形成的特殊的历史和社会背景，中国模式在中国行得通、做得好，不代表中国模式在世界其他国家也可以适用。"我们不'输入'外国模式，也不'输出'中国模式，不会要求别国'复制'中国的做法。"②同理，西方模式在西方世界行得通，也不代表西方模式就是普遍真理，为全人类都适用。然而，西方世界将打压中国制度视为理所当然，殊不知中国的制度优势正是共建"一带一路"倡议的力量源泉。

前述共建"一带一路"倡议在全球传播中所遇到的种种挑战，其背后深层次原因正是制度差异、理念偏执所支配的行为作祟，因此，深入到生发和支撑共建"一带一路"倡议的中国特色社会主义的种种制度优势中，全方位、多维度地把中国特色社会主义所取得的光辉成就转化为一种理论结晶注入共建"一带一路"倡议的全球传播中，让全球民众了解和认同中国特色社会主义的种种制度优势和所支持的共建"一带一路"倡议，才能破解这种种困境。

共建"一带一路"倡议的诞生，与中国特色社会主义实践是密不可分的，或者可以说是中国特色社会主义实践经验的提炼。在中国的话语体系中，中国特色社会主义制度之所以成功，取决于其所具有的显著优势。我们需要从共建"一带一路"倡议可以给全球治理提供何种智慧这个视角，来解析中国的制度优势。

（一）中国制度优势是一个有机整体

中国共产党第十九次全国代表大会第四次全体会议公报文件中前所未有地用长达十三条论断，解释和说明了我国国家制度和国家治理体系的多方面显著优势：

---

① 李抒望.独树一帜的"中国模式"：纪念新中国成立60周年[J/OL].党校学报，2009（3），Http://www.zsdx.gov.cn/Category/JournalDetail?Id=41630.
② 习近平.习近平谈治国理政（第3卷）[M].北京：外文出版社，2017：436.

表 5-1　中国十三个方面的制度优势

1	坚持党的集中统一领导,坚持党的科学理论,保持政治稳定,确保国家始终沿着社会主义方向前进的显著优势
2	坚持人民当家作主,发展人民民主,密切联系群众,紧紧依靠人民推动国家发展的显著优势
3	坚持全面依法治国,建设社会主义法治国家,切实保障社会公平正义和人民权利的显著优势
4	坚持全国一盘棋,调动各方面积极性,集中力量办大事的显著优势
5	坚持各民族一律平等,铸牢中华民族共同体意识,实现共同团结奋斗、共同繁荣发展的显著优势
6	坚持公有制为主体、多种所有制经济共同发展和按劳分配为主体、多种分配方式并存,把社会主义制度和市场经济有机结合起来,不断解放和发展社会生产力的显著优势
7	坚持共同的理想信念、价值理念、道德观念,弘扬中华优秀传统文化、革命文化、社会主义先进文化,促进全体人民在思想上精神上紧紧团结在一起的显著优势
8	坚持以人民为中心的发展思想,不断保障和改善民生、增进人民福祉,走共同富裕道路的显著优势
9	坚持改革创新、与时俱进,善于自我完善、自我发展,使社会充满生机活力的显著优势
10	坚持德才兼备、选贤任能,聚天下英才而用之,培养造就更多优秀人才的显著优势
11	坚持党指挥枪,确保人民军队绝对忠诚于党和人民,有力保障国家主权、安全、发展利益的显著优势
12	坚持"一国两制",保持香港、澳门长期繁荣稳定,促进祖国和平统一的显著优势
13	坚持独立自主和对外开放相统一,积极参与全球治理,为构建人类命运共同体不断作出贡献的显著优势

这十三个方面显著优势的提出,充分彰显了新中国成立以来中国道路创造"中国奇迹"的独特密码,背后是中国特色社会主义的艰辛探索和成功实践,是我们进一步坚定中国特色社会主义道路自信、理论自信、制度自信、

文化自信的基本依据,也是我们如期顺利实现"两个一百年"奋斗目标、实现中华民族伟大复兴的重要依托。

(二)在与全球各国制度实践的比较中彰显中国制度优势

中国特色社会主义的制度优势是一个在实践中不断彰显的过程,中国共产党对制度优势的认识和阐释也在实践中不断深化。在制度比较中深刻认识中国特色社会主义制度的优势,是我国比较政治学研究的题中应有之义。

经过改革开放40多年不懈努力,我们创造了经济快速发展和社会长期稳定两大奇迹。在人类文明发展史上,没有任何一种国家制度和国家治理体系能够在这样短的历史时期内创造出这样的奇迹。中国共产党带领中国人民取得如此巨大成就,离不开中国特色社会主义制度的支撑。

回望历史,建立什么样的国家制度,是近代以来中国面临的重大课题。经过长期的比较、鉴别、选择,中国共产党领导人民建立和完善了中国特色社会主义制度,形成和发展了党的领导和经济、政治、文化、社会、生态文明、军事、外事等各方面制度,不断加强和完善国家治理。

可以说,制度优势是一个国家的最大优势,制度竞争是国家间最根本的竞争。实践证明,中国特色社会主义制度既继承了科学社会主义的基因,又契合中国实际,具有中国特色,释放出巨大的能量,成为当代中国发展的根本保障。

(三)以制度优势筑牢人类命运共同体理念的强大基石

中国特色社会主义制度,是在马克思主义指导下、在推进社会主义制度自我完善和发展过程中,在我国经济、政治、文化、社会等各个领域逐步形成的一套相互衔接、相互联系的制度体系。香港中文大学郑永年教授在评论中国模式的时候曾指出,中国模式是一个民主的改善模式。[1] "北京共识"提

---

[1] 李怀宇. 郑永年新著论中国崛起后的亚洲新秩序[EB/OL]. (2019-01-08)[2021-05-10]. https://m.thepaper.cn/newsDetail_forward_2746891.

出者的雷默认为，中国模式的关键在于创新，中国问题的解决依赖于在几乎所有方面的创新。"中国改革开放的成功，让中国社会主义制度优越性得到了充分彰显，为世界各国提供了一条全球化的道路，同时也提供了一条自身发展的理念，让其他发展中国家未来的发展有所参照。"① 在西方民主制度陷入困局的背景下，中国特色社会主义政治制度正散发着凝心聚力的制度魅力，人民代表大会制度与中国特色社会主义制度相适应，体现出与西方资产阶级民主制度最本质的区别。

20 世纪 80 年代，邓小平同志就明确指出，和平问题、发展问题必定会成为全球性问题，会成为世界各国所普遍面临的问题。② 如今"中国模式""中国道路""中国经验"等成为热门语汇并引起世界的广泛关注，不仅仅因为中国特色社会主义理论体系既是对传统的社会主义模式的革新、对当代国外发展经验的借鉴，从某种意义上讲，更是由于它回答了某些当代的全球性问题。当然中国的工业化还没有完成，我们现在的生活水平还没有达到美国、欧洲、日本目前的工业化程度，还有好几十年的巨大差距。在美国，也有学者总结了"中国模式"的实践意义和理论意义：从实践意义看，"中国模式"也许不完全适用于其他发展中国家，但毕竟为他们提供了一条新的发展道路，值得他们思考；从理论意义看，"中国模式"颠覆了公有制企业没有效率的传统观点、新兴的大国必是好战和富有侵略性国家的论点以及经济发展必将导致西方式民主的定论。

但是，对于国际上的一些赞美之词我们应当保持清醒，不能头脑发热。因为虽然"中国模式"为发展中国家提供了一些借鉴，但从根本上说，世界上没有放之四海而皆准的发展道路和发展模式，每个国家都应当探索和选择符合自身特点的发展道路和发展模式。③

---

① 张建君. 全球化视域下的中国发展道路研究［M］. 北京：人民出版社，2017：10.
② 邓小平. 邓小平文选：第 2 版（第 3 卷）［M］. 北京：人民出版社，1993：105.
③ 彭国华，杨学博. 如何理解"中国模式"［N］. 人民日报，2010-09-15.

二、为人类政治文明进步贡献更多中国智慧

中国特色社会主义制度的优越性正蓬勃展现。对此，习近平作了系统全面的概括："这样一套制度安排，能够有效保证人民享有更加广泛、更加充实的权利和自由，保证人民广泛参加国家治理和社会治理；能够有效调节国家政治关系，发展充满活力的政党关系、民族关系、宗教关系、阶层关系、海内外同胞关系，增强民族凝聚力，形成安定团结的政治局面；能够集中力量办大事，有效促进社会生产力的解放和发展，促进现代化建设各项事业，促进人民生活质量和水平不断提高；能够有效维护国家独立自主，有力维护国家主权、安全、发展利益，维护中国人民和中华民族的福祉。"[①]

（一）"人民至上"注入政治运行新使命

中国特色社会主义制度牢牢立足于实现好、维护好、发展好最广大人民的根本利益，把以人民为中心融入制度设计和执行各个层面、每个环节。可以说，以人民为中心是贯穿中国制度的一条主线，集中彰显制度优势，蕴含强大治理效能。人民当家作主是社会主义民主政治的本质特征。习近平同志指出，"发展社会主义民主政治就是要体现人民意志、保障人民权益、激发人民创造活力，用制度体系保证人民当家作主。"正是由于在制度设计和执行中坚持以人民为中心、保障人民当家作主，我国社会主义制度才能充分调动最广大人民的积极性、主动性、创造性，彰显出独特优势。将这一制度优势转化为治理效能，就是要始终坚持以人民为中心不动摇，进一步完善相关制度机制。

人民性是中国共产党区别于中国历史上其他政党和西方选举性政党的本质特征。人民代表大会制度充分说明中国的政权是人民的政权，中国共产党

---

① 转引自：赵剑英．中国制度：中华民族伟大复兴的基本保障［N］．中国社会科学报，2017-11-19．

拥有高度的人民性。习近平总书记指出,"人民立场是中国共产党的根本政治立场,是马克思主义政党区别于其他政党的显著标志"。在民主问题上,中国共产党的人民立场,就是要让全体人民做自己的主人,实现最广泛、最真实、最管用的民主。

从人民代表大会制度的角度看,人民代表大会制度之所以被称为根本政治制度,就是因为只有这一政治制度才能反映国家政治和社会生活的全貌,将最大多数人组织和团结起来,共同行使当家作主的权利;只有这一政治制度才能在政权工作中最充分地贯彻群众路线这一党的根本工作路线。在组织结构上,中国绝不能实行两院制,并且人大代表的人数不宜太少,一个基础性的考虑,就是要把国家权力掌握在全体人民的手中,从政治上和组织上保证全体人民掌握国家权力,真正成为国家的主人。所以,从人民代表大会制度的确立及组织结构的设计即可以看出,实现最广泛、最真实、最管用的民主,是我们党思考、探索中国式政治道路,保障人民当家作主的根本目标。

人民代表大会制度始终坚持人民至上。反观西方国家的"三权分立"制度,其理论依据是个人主义、自由主义,同时以私有制为基础,表面上看,两党制和多党制是为了实现政权的平衡,但其中的矛盾却异常尖锐,并且其所保护的是统治阶级的利益,而并非人民群众的利益。所以,从根本上来讲,"三权分立"只是资产阶级内部的权力分立,而绝不是与劳动人民或其他阶层分享权力。

西方的民主制度根本不能维护人民的利益,他们更多的只是维护一小撮精英阶层的利益。今天,多数的美国人恐怕都不否认美国的民主制度出了问题。以对美国国会的评价为例,盖洛普公司2012年6月的民调显示,美国公众对国会"非常有信心者"是6%,"较有信心者"是7%,两者相加为13%。两年后的民调(2014年6月)发现,如此低的信任度还在继续,对国会"非常有信心者"是4%,"较有信心者"是3%,两者相加为7%。数据会有波动,但至少说明美国民主确实出了问题。此外,普林斯顿大学进行了一项研究,以调查美国公民民意是否会影响国会对某项政策的通过率。通过对过去20年间的1800份民意数据进行调查,结果显示:如果公众对某项政策的支持率为

0%，那么国会有 30% 的可能性通过该项政策，而如果公众对某项政策的支持率是 100%，那么国会通过该项政策的可能性仍然是 30%。简而言之，不管美国普通民众对某项政策的支持率是多少，国会通过该政策法规的概率一直是 30%。结论是，美国民众的偏好对国家政策的影响微乎其微，几乎为零。为何会这样呢？原因如下：美国政客们平均会用 70% 的时间为下一任期的竞选筹集资金，为了赢得选举，政客们需要每天筹集 4.5 万美金，持续 6 年天天如此，而只有 0.05% 的美国人在政治上投入超过 1 万美元，由此可见，政客们完全依赖于那 0.05% 的美国人——亿万富翁以及特殊利益集团等。同时，那些独立候选人由于两大垄断政党的存在而没办法胜出，而大批美国民众正在退出这两个主要党派。大约一半的美国选民注册为独立选民。[①]

中国共产党自成立以来始终注重与人民群众的沟通和交流，倾听人民群众的意见和建议，及时回应人民群众的关切和诉求。因为民意是政府治理的参照系，民意反映了民众的需求和关切，为制定科学合理的政策提供重要参考。通过广泛收集和分析民意，可以确保政策更加贴近民众实际，更加符合社会发展的需要；民意对政府行为具有强大的监督作用，民众通过表达自己的意见和诉求，可以促使政府更加谨慎地行使权力，避免权力滥用和腐败现象的发生。同时，民意也可以帮助政府及时发现和纠正政策执行过程中的偏差和错误；民意是社会改革的动力源泉，民众可以推动政府采取更加积极有效的措施，解决社会问题，促进社会发展。同时，民意也可以激发民众的创新精神和创造力，推动社会不断进步。

中国共产党的人民性来源于马克思主义指导思想，在历史唯物主义看来，历史是无数默默无闻的劳动群众所创造的，正是在各行各业勤勤恳恳的劳动群众让社会有了源源不断的发展动力，所以群众路线既是党的根本政治路线和组织路线，即"一切为了群众，一切依靠群众"，也是党的根本领导方法和工作方法，即"从群众中来，到群众中去"。改革开放以来，随着由革命党向

---

① GILENS M, PAGE B I. Testing theories of American politics: elites, interest groups, and average citizens [J]. Perspectives on politics, 2014, 12（3）: 564-581.

执政党的根本转变，中国共产党提出了"立党为公、执政为民"的重要理念，强调"权为民所用、情为民所系、利为民所谋"，以经济发展成果提高人民群众生活水平，在全面建成小康社会的道路上为实现人民对美好生活的向往追求而不懈奋斗。

"人民至上"是中国共产党执政的思想灵魂。人类命运共同体理念是中国共产党把"人民至上"的根本理念升华至全人类，共建"一带一路"倡议是将"全人类至上"推进落实的重要举措。共建"一带一路"倡议的全球传播如果以人类命运共同体理念为思想基础，那么，就应该进一步以"人民至上"为灵魂，致力于为全人类造福祉，为全人类谋求共同幸福。

（二）"协商民主"开辟政治运行新路径

随着中国特色社会主义进入新时代，新时代中国政治制度的优越性得到了充分彰显，而这些优越性的核心则集中体现在政治决策体制上。

西方政治体制最显著的特征就是制衡，特别是在国家重大决策过程中，想的不是怎样让决策更有利于人民、更有利于社会，而是为了制衡各方利益，从而形成彼此牵制的局面。这样的方式固然有其存在的合理性，但由于彼此相互诟病，容易造成内耗。且当今西方"三权分立"国家，在议会立法和政府决策时，也大都遵循著名的"罗伯特议事规则"，包括不同选项和方案的辩论与竞争，以及基于多数原则进行投票产生结果。但是由于决策的目标并非统一，大多数建议和方案被淘汰掉了，被淘汰方的意见实际上没有被集结，本质上是"非协作型"的决策机制。[①]2011年，一家与政府关系密切的英国智库发布了一项研究报告。该报告提到指出，在现实世界中，任何政策都是"统""分"的结合产物，是多主体、多层次、多阶段、多轮互动的结果。对于国家决策来说，最关键的不是能不能"分"或"统"的问题，而是能否在保证民意充分表达的同时，纾解分歧、凝聚共识，并制定出有效率的政策。

协商民主是社会主义民主的重要形式，是富有中国特色的民主。习近平

---

① 房宁.中国政治制度［M］.北京：中国社会科学出版社，2017：70.

总书记2014年9月21日《在庆祝中国人民政治协商会议成立六十五周年大会上的讲话》中指出："人民通过选举、投票行使权利和人民内部各方面在重大决策之前进行充分协商，尽可能就共同性问题取得一致意见，是中国社会主义民主的两种重要形式。"① "协商民主是中国社会主义民主政治中独特的、独有的、独到的民主形式，它源自中华民族长期形成的天下为公、兼容并蓄、求同存异等优秀政治文化，源自近代以后中国政治发展的现实进程，源自中国共产党领导人民进行革命、建设、改革的长期实践，源自新中国成立后各党派、各团体、各民族、各阶层、各界人士在政治制度上共同实现的伟大创造，源自改革开放以来中国在政治体制上的不断创新，具有深厚的文化基础、理论基础、实践基础、制度基础。"② 需要指出的是，协商民主在中国是按照统一战线的逻辑来加以理解的，这一点与西方不同。西方的协商民主主要是一种公民实践，中国的协商民主主要是一种实现社会整合的制度安排。③ 通过政党协商以及政协协商形成了一种侧重协商的合作型政党制度，这也是中国的政党制度与西方的政党制度之间的根本差别。"长期共存、互相监督、肝胆相照、荣辱与共"的原则，是中国共产党处理民主党派关系的准绳。④ 中国的协商民主的优越性主要体现在三个方面：社会整合功能、民主监督功能以及科学决策功能。⑤ 除此以外，中国政治协商制度还可以通过不断吸收社会新生力量的意见，创造缓冲空间让新旧制度的转换符合社会新生力量的诉求，避免冲突，创造和平发展的国内环境，是社会的政治稳定机制。⑥

---

① 陈曙光.社会主义协商民主理论的体系建构[EB/OL].(2021-12-01)[2024-08-30].Http://baijiahao.baidu.com/s?id=1717907779683437292&wfr=spider&for=pc.
② 转引自：苏长和.不断推进社会主义协商民主[EB/OL].(2017-06-07)[2024-08-30].Http://iipe.nwsuaf.edu.cn/djgz/llqy/353678.htm.
③ 林尚立.统一战线与国家建设[M].上海：上海人民出版社，2008：157.
④ 景跃进,陈明明,肖滨.当代中国政府与政治[M].北京：中国人民大学出版社，2016：89.
⑤ 房宁.中国政治制度[M].北京：中国社会科学出版社，2017：217-221.
⑥ 杨光斌.当代中国政治制度导论[M].北京：中国人民大学出版社，2015：85.

（三）"政治稳定"是政治环境的新境界

对任何国家和民族来说，政治稳定都是重要的前提。政治稳定是政权延续、经济和社会发展、百姓安身立命的基础和条件，如何实现政治稳定自然成为人类关注的一个焦点。中国古代的先哲们很早就认识到，国家政治的稳定根本上取决于民众对政治体制的认同和支持，"水可载舟，亦可覆舟"，"得民心者得天下"，讲的就是这个道理。而民众为什么会认同和接受某种政治体制？究其原因，主要还是特定历史背景下民众认为该体制具有合理性。[①]

有研究者认为，中国特色的"国际政治"思想包含三个方面：以国家权力为核心超越社会制度和意识形态，突出主权利益同强权利益的关系；把生产力标准引进国际政治视域，确立经济优先观点，政治与经济的相互渗透；以改革促发展，维护世界和平，建立公平合理的国际经济新秩序。[②] 可以看出，这些国际政治思想，正是共建"一带一路"倡议中所蕴含的精神底色。

三、构筑从国别特殊经验到人类普遍智慧的全球传播通道

如果从横向分类的视角看，世界各个国家的政治生活中，有没有可以让其他国家借鉴或共享的积极性的"经验"和"智慧"？即文明的类型或领域中有没有"政治文明"的一席之地？答案显然是肯定的。所谓政治文明"是人类各民族各国家历史悠久的政治文化中所积淀的积极因素的总和"[③]。

政治文明作为人类文明中不可缺少的一部分，是人类在塑造政治社会实践中取得的进步与成就，对于社会的和谐稳定与国家的繁荣发展具有不可或缺的作用。与任何事物都具有普遍性和特殊性一样，政治文明也具有普遍性

---

① 贾庆国."讲清楚、说明白"与中国的政治进步［J/OL］.群言，2014（4），http://www.mmzy.org.cn/qunyan/pmjl/20144/77051.aspx..
② 梁守德，洪银闲.国际政治学概论［M］.北京：中央编译出版社，1994：40-46.
③ 荆学民.论新时期国际传播的政治维度［EB/OL］.（2022-07-11）［2024-08-30］.https://sgpa.cuc.edu.cn/2022/0711/c5704a194810/page.htm.

和特殊性。在存在国家的条件下，政治文明总是有国别的。但是，政治文明却是没有国界的，不同国家的政治文明是可以相互借鉴的。就政治文明的本性而言，它并非哪个国家的专利，而是整个人类政治智慧的结晶。中国式现代化新道路在政治文明领域的积极探索与创新实践，不仅为自身可持续发展奠定了坚实的政治基础，同时也为其他文明领域提供了科学的制度体系和有力的法律保障，展现了中国政治文明的独特性与全球影响力。

中国式现代化在政治文明领域展现了独特的魅力与深远的意义，它不仅继承了世界各国现代化道路的普遍特性，更超越了西方现代化道路的内生困境。西方现代化道路根植于资本主义价值体系，虽在一定程度上推动了生产力的发展和社会进步，但其资本逻辑的强势主导和利润最大化的短视追求，却导致了资本剥削、劳动异化、两极分化、环境破坏、掠夺扩张等一系列难以克服的问题。中国式现代化新道路坚持以人民为中心的发展理念，实现了社会主义与现代化的有机结合。通过追求物质丰裕与精神富足的双重提升，有效规避了西方现代化道路的固有风险，为全球政治文明的发展贡献了中国智慧与中国方案。①

如果说，人类命运共同体理念强调了在漫长的社会发展历程中，各民族既能保持自身的独立性，又能够和其他民族实现有效融合，并且逐渐形成了命运相关、荣辱与共的关系，那么这一理念融入现代社会发展当中，具体就会形成国家权力观、共同利益观、可持续发展观和全球治理观，而这些基本价值观是现代社会发展之基本原则，恰好说明了当今时代已经进入了更高级别的文明形态，政治多极和经济均衡已经成为一种常态，只有在安全互信、文化多样的基础上实现可持续发展，才能让人类社会拥有源源不断的发展力量。这种先进的政治文明范式是人类社会未来发展之范式，只有将其落实到具体的社会实践中，这种新范式才会彰显自身的价值，才能形成中国经验，为世界提供中国智慧。而这种社会实践，就是共建"一带一路"倡议。

---

① 韦欣. 以"五大文明"协调发展创造人类文明新形态［N］. 中国社会科学报，2025-02-07.

第三节　冲破共建"一带一路"倡议全球传播中的西方政治话语霸权

在共建"一带一路"倡议的全球传播中，之所以会出现意识形态困境，除了上述我们所讲的比较狭隘的国际传播及"国家主义"理念作祟外，很大程度上还是因为，西方资本主义国家利用其在国际社会上的话语垄断权在全球大肆宣扬资本主义文化和价值观念，企图构建文化殖民的权力形态，其目的就是维护资本主义国家在全球的核心利益和统治地位。习近平总书记很早就对西方文化霸权的危害进行过深刻的阐述，明确说道："由于西方长期掌握着'文化霸权'、进行宣传鼓动，当代中国价值观念存在太多被扭曲的解释、被屏蔽的真相、被颠倒的事实。"在这样的困境下，只有提升中国国际话语权，打破西方话语"一家独大"的垄断局面，才能掌握中国文化走向世界的主动权和自主权，不断提升中国的文化软实力。可见，提升中国国际话语权意义重大，事关中国文化软实力的提升，事关国家综合国力的提升。①

一、共建"一带一路"倡议的目标是构建超越政治国家的人类命运共同体

人类命运共同体，其本意是一种"超国家"的共同体。就算是从"政治"的角度观察其属性，也是一种"超国家政治"的共同体。有研究者指出，超

---

① 徐国亮. 提升中国国际话语权的深刻意蕴与重要意义［EB/OL］.（2021-11-26）［2024-08-30］. http://www.gmw.cn/xueshu/2021-11/26/content_35339239.htm.

国家政治共同体是由若干个民族国家共同组成的有机生命体，目的是满足民族国家内在需求，实现此类国家的生存与发展。①

人类命运共同体作为一种"超国家"的共同体，有其本质属性。第一，"共同性"是标识共同体的身份密码。这种"共同性"之共同，主要体现在地域、宗教信仰、种族血统、意识形态、价值观念、语言文字、目标愿景、历史文化等方面。第二，"共同利益"是形成共同体之内生动力，是实现共同体稳定之关键。中国所提出的人类命运共同体思想，事实建立在利益共享的基础之上，并非是从道德方面对各民族进行约束。第三，"归属感"是共同体的心灵和灵魂。滕尼斯对这一概念进行了全面诠释，共同体所强调的"在一起"包括心灵和灵魂的在一起，首先具有共同意识，其次能够形成相互依赖之关系。②第四，"集体主体性"是共同体的在场方式，强调了成员国之间在相互协商对话的基础上实现全方位协作。

"人类命运共同体，顾名思义，就是每个民族、每个国家的前途命运都紧紧联系在一起，应该风雨同舟，荣辱与共，努力把我们生于斯、长于斯的这个星球建成一个和睦的大家庭，把世界各国人民对美好生活的向往变成现实。"这一理念以全人类共同价值为遵循，以各国人民对美好生活的向往为宗旨，蕴含着对人类文明新形态的前瞻性思考和对世界历史发展大势的准确把握。③

共建"一带一路"倡议的目标深刻地体现了超越政治国家界限的人类命运共同体理念。随着世界多极化、经济全球化、社会信息化、文化多样化深入发展，各国相互联系和彼此依存比过去任何时候都更频繁、更紧密，人类越来越成为你中有我、我中有你的命运共同体，共同面临的挑战也日益增多。从全球性的安全问题到环境挑战，再到经济发展的不平衡，这些问题都需要各国携手合作，共同应对。中国作为负责任的大国，提出构建人类命运共同

---

① 陈曙光. 人类命运与超国家政治共同体 [J]. 政治学研究, 2016 (6).
② TöNNIES F, CAHNMAN W J. On sociology: Pure, applied, and empirical: Selected writings [M]. Chicago, IL: University of Chicago Press, 1971.
③ 杨永强. 深刻理解构建人类命运共同体理念的内涵 [N]. 中国社会科学报, 2023-07-27.

体的愿景，旨在建立一个持久和平、普遍安全、共同繁荣、开放包容、清洁美丽的世界。而共建"一带一路"倡议正是实现这一愿景的重要平台和路径。

共建"一带一路"跨越不同地域、不同文明、不同发展阶段，超越意识形态分歧和社会制度差异，推动各国共享机遇、共谋发展、共同繁荣，打造政治互信、经济融合、文化包容的利益共同体、责任共同体和命运共同体，成为构建人类命运共同体的生动实践。共建"一带一路"塑造了人们对世界的新认知新想象，开创了国际交往的新理念新范式，推动全球治理体系朝着更加公正合理的方向发展，引领人类社会走向更加美好的未来。①

二、西方国家在"国家"基础上的政治话语霸权

客观地说，西方一些国家在一定意义上开辟了以资本主义为核心的"世界历史"，在这种开拓世界历史的过程中，基于这些发达国家意识形态的"西方政治话语"伴随着世界市场的形成被传向了全球各地，通过渗透和文化入侵等方式，基本上主宰了人类的政治议程，影响着世界各国、各民族的政治活动，形成了在国际政治舞台上"西方政治话语"的霸权时代。

所谓政治话语的西方霸权，意指西方依仗话语的优势地位，垄断了政治议题的设置权和政治议程的主导权，垄断了自由、民主、人权、法治等政治范畴的定义权，垄断了不同社会制度、政党模式和政治体制是非优劣的评判权，垄断了国际政治格局的塑造权、国际政治规则的制定权以及国际政治争议的裁量权。②

从本质上讲，国际政治话语霸权的奥秘，主要不在话语本身，而在于这些国家政治制度背后的资本与权力的"合谋"。正如马克思所说："政治权力只不过是经济权力的产物。"③

---

① 吴志成.共建"一带一路"站在历史正确一边［N］.光明日报，2023-10-25.
② 陈曙光.什么决定了国际话语场的话语权？实力？真理？还是道义？［N］.北京日报，2023-07-11.
③ 马克思恩格斯全集（第12卷）［M］.北京：人民出版社，1998：80.

西方话语霸权是历史的产物，有其内在的形成机理：西方的发展优势借助学术包装，转化为话语优势；西方的话语优势借助越界本能，转化为话语空间优势；西方话语的空间优势借助资本逻辑和国家力量，转化为道路和制度的同质化过程。西方话语霸权，其终极目的在于塑造一元话语世界和现实世界。①这种一元话语世界，是在现实世界一元化的基础上绝对的"话语一元化"，即西方试图通过确立西方政治话语的唯一合法地位，垄断对全球性政治议题的主导权、全球重大政治问题的解释权；就现实世界来说，西方试图通过放大其政治学说改造世界的功能，谋求对世界秩序的建构权、世界历史的塑造权。②

在国际话语场，"谁在说"比"说什么"更重要，话语的主人比话语的真伪更关键。国际话语权争夺的焦点是"谁更有资格、更有权力说话"，而不是"谁说的话更在理、更有说服力"。也就是说，在国际话语场，实力原则凌驾于真理原则和道义原则之上，真理原则、道义原则往往屈从于实力原则，话语的主人比话语的内容更引人关注。所谓"拿实力来说话"，"弱国无外交"，"真理只在大炮的射程之内"，说的都是这个道理。自古以来，谁拥有了压倒性的硬实力，谁就拥有了压倒性的话语权。③

美国左翼学者詹姆斯·彼得拉斯（James Petras）对美国文化帝国主义在全球范围内扩张的目的进行了深入分析，其目的主要体现在政治和经济方面，前者主要是在意识形态领域渗透和侵略以获取霸权，后者主要是通过文化商品在经济领域掠夺市场。④

---

①② 陈曙光.政治话语的西方霸权：生成与解构［J］.政治学研究，2020（6）：37-45, 126.
③ 陈曙光.国际话语权争夺的焦点是"谁更有资格、更有权力说话"——"谁在说"比"说什么"更重要［N］.北京日报，2023-07-10.
④ PETRAS J. Cultural imperialism in late 20th century［J］. Economic and political weekly，1994, 29（32）：2070-2073.

三、以人类命运共同体理念解构西方政治话语霸权

应该说，人类命运共同体理念与共建"一带一路"倡议的提出，对长期以来西方已经建立起的政治话语霸权形成了巨大的冲击，正因如此，共建"一带一路"倡议的全球传播遭到了一些西方发达国家在意识形态层面的顽强抵制。为了破解这种传播困境，我们需要用人类命运共同体理念解构长期以来形成的西方政治话语霸权。

习近平总书记指出："实现我们的发展目标，不仅要在物质上强大起来，而且要在精神上强大起来。"只有不断赓续并努力释放一以贯之的精神伟力，才能把中国特色社会主义这篇大文章继续写下去、写得更出彩。中国特色社会主义道路的成功，证明"一元话语世界"是不合理的，也是不可行的。前面我们已经论证指出，共建"一带一路"倡议的全球传播蕴含着新的国际话语权争夺，其中最重要的就是"国际政治的话语权"。

中国绕开了西方的政党制度和政治模式，开辟了具有鲜明中国特色、显著制度优势、强大自我完善能力的现代政治文明之路。"中国赋予了自由民主以中国内涵，赋予政治制度以中国特色，终结了西方制度文明的一元化统治和同质化前景，开启了两条政治道路比拼发展的多样化时代，给世界上那些既希望加快发展又希望保持自身独立性的国家和民族提供了全新政治选择和制度方案。这是中国特色社会主义政治发展道路的世界历史意义。"[①]

当今世界，"西强东弱"的国际传播格局还没有根本改变，西方发达国家依然掌握着主要的国际话语权，但基于人类共同利益基础上的国际政治经济新秩序的构建日益成为各国的迫切愿望和世界发展的潮流。在此背景下，中国提出的共同价值观、新安全观、文明观、新型大国关系等新理念，获得了世界的广泛认同；西方提出的"历史终结论""文明冲突论""西方中心论""普世价值论"，伴随着金融危机以来西方经济的一蹶不振而日渐式微。

---

① 陈曙光.政治话语的西方霸权：生成与解构[J].政治学研究，2020（6）：37-45，126.

中国政治话语在全球话语体系中的崛起已成为不可逆转的大趋势。

只有让全球民众深刻体会和领略蕴含在人类命运共同体理念中的"美美与共""和谐共荣"等超越国家政治狭隘性的人类共同价值愿景，才能祛除被西方意识形态涂抹在共建"一带一路"倡议上的种种意识形态偏见和误解。而祛除偏见和误解的当务之急，是应当聚焦共建"一带一路"倡议在全球传播过程中的话语表达态势。

第四节　转换共建"一带一路"倡议全球传播的话语表达态势

在中国有关人类命运共同体理念的话语表达中，出现大量表达某种政治立场和价值取向的评价性形容词，这些形容词可以展示中国负责任大国的形象，增进国际社会对人类命运共同体理念的体悟。如使用"始终""坚定""积极""历来"等词语，塑造出一贯奉行和平外交政策、坚定踏实、言行一致的中国国家形象。再如，使用"绝不""任何""合作共赢""携手共建""坚决维护""始终奉行"等语义叠加词，彰显较强的政治话语功效。应该说，这种政治词语、语态有一定的合理性和传播效果，但是，也同时拉大了共建"一带一路"倡议全球传播中"国内"与"国外"的距离。

中国有关共建"一带一路"倡议的话语表述较少引起国际社会的关注，甚至容易引起误解、反感并遭到批判，而某些西方国家仍对共建"一带一路"倡议抱有戒心，经常发出一些不和谐的声音，频繁套用政治激进词语，如"忧虑""贬斥""争夺""扩张"等。再比如给中国扣帽子，别有用心地揣测中国想做"国际舞台的主角"，指责中国不遵守国际秩序、发展方向不明、干涉他国内政等。

比较来看,在共建"一带一路"倡议的全球传播中,来自中国官方的声音占据强势地位,受到国际舆论场中"过滤气泡""圈层化"传播的影响,共建"一带一路"倡议的相关话语难以从"中国话语"扩展为国际话语,导致中国有关"一带一路"的话语表达对许多国外受众来说,处于"不可见""少共情""缺认同"的状态。因此,在新的全球舆论环境下,变更内宣思维,转换话语表达态势,满足国外受众的接受习惯,对于破解共建"一带一路"倡议全球传播的意识形态困境具有至关重要的作用。

一、提炼共建"一带一路"倡议全球传播话语中的全球要素

人类命运共同体理念作为构建中国特色国际话语的有益尝试,准确抓住了全球发展的基本特征即"普遍联结"。其本质在于世界的价值关联性。不仅"全球价值链"成为越来越多产品和服务的生产模式,而且在国家发展、文明演进上,亦存在着基于价值关联的全球"普遍联结"。人类命运共同体理念所倡导的全球传播秩序,是不偏不倚、恰到好处的媒介尺度,是"共商、共建、共享"的共赢主义,这些恰是共建"一带一路"倡议的本质和内涵。"国际传播场需要有众声喧哗,允许不同的观念、价值和生活方式共存。"[1] 不论是新秩序还是新体系,应该既不是西方中心主义的,也不是东方中心主义的,而是以跨文化交流为支撑,各国都能普遍接受的兼具包容和开放的全球传播体系,是坚持文明对话、文化平等的思想,鼓励跨文化交流和批评,最终实现一种多元化、杂糅化的全球话语体系。

虽然共建"一带一路"倡议起源于中国,但其核心愿景和理念却超越了国界,旨在实现人类命运共同体的宏伟目标。共建"一带一路"倡议是一个具有深远意义和丰富内涵的战略构想,它强调的不仅是经济合作,更是文化、科技、教育等多领域的交流与融合。而在推动基础设施互联互通的过程中,

---

[1] 吴飞.以和平的理念重塑国际传播秩序[J].南京社会科学,2013(4):101-108.

共建"一带一路"倡议并非从零开始，而是在现有国际合作框架的基础上，不断汲取联合国、亚洲开发银行等国际机构多年的国际合作经验和智慧。这些机构在基础设施建设、区域发展等方面已经建立了成熟的话语体系，这些话语体系由来已久，影响力大，也为共建"一带一路"倡议提供了宝贵的参考和借鉴。

在这个领域，有学者进行了研究，通过检索联合国总部新闻中心2015年至2021年发布的68篇近8万字有关中国共建"一带一路"倡议的新闻，总结了联合国讲述"一带一路"主题新闻的特点。由于很少有国家具备国际传播的议程设置能力，通过联合国这一平台，可以间接地反映出影响国际传播的议程。而通过联合国这一平台对共建"一带一路"倡议的报道和所突出的重点，我们可以看出共建"一带一路"倡议与国际传播话语体系中高度重合的部分，也就是共建"一带一路"倡议全球传播话语中应反复提及、不断强调的全球要素。[1]

其一，可持续发展。联合国新闻中心的共建"一带一路"倡议专题报道向联合国成员国和整个国际社会详细介绍了中国的共建"一带一路"倡议理念，高度赞誉它对联合国达成全球治理可持续性发展目标的促进作用，"可持续发展目标""经济发展""和平与安全""文化与教育""健康与卫生""环境与气候变化""人权"是共建"一带一路"倡议中英文新闻主要涵盖的话题。

其二，在英文共建"一带一路"倡议新闻中所提到的高频词包括"Disaster""South""Development""Climate""Countries""Change""Growth""Space""Risk"等。与中文新闻关键词明显不同的是，英文新闻更多地将共建"一带一路"倡议这个概念与联合国关注的全球问题，例如灾害、气候变化和风险因素等联系在一起，这提示"一带一路"的全球传播更应注重这些"全球"要素。与国内更加关注基础设施的互联互通不同，联合国更愿意从"Development"（发展）的角度看待共建"一带一路"倡议的功能属性，特别

---

[1] 参见：周婷，孟昭瑞.联合国"一带一路"新闻的话语实践分析[J].传媒，2024（7）：91-93.

是在区域经济合作与南南合作方面发挥的促进作用。

其三，联合国对共建"一带一路"倡议的关注从最开始的"路"的属性，不断扩展到了"合作""发展""应对灾难""气候变化"，以及更多的与生态环境相关联的属性当中，也包括传统文化等与文化相关的软传播。

国家话语的对外传播是一个循序渐进的过程，这个过程不仅仅是将中国理念简单翻译成对象国的语言，更重要的是找到一种适合当地民众的表达方式，并顺利融入既有的话语体系当中。

二、转换共建"一带一路"倡议全球传播中的话语表达方式

要想破解当前共建"一带一路"倡议全球传播所面临的意识形态困境，一个有效的实施策略就是转换其中的话语表达方式，由"国内话语形态"转化为"全球话语形态"。

转换话语表达方式的核心在于语言的适应与文化间的融合。作为文化的主要载体和传承方式，语言因不同的文化背景而呈现出语义、词汇、语法、修辞及语体等多方面的显著差异。语言转换的驱动力，是确保目标受众能够顺畅地接收并理解所传递的信息，从而建立亲近感与认同感。在全球化背景下，话语的转换成为一个持续且重要的议题，需要传播者给予高度的重视和细致的考量。共建"一带一路"倡议自2013年习近平总书记在中亚和东南亚国家的访问中提出以来，便成为全球瞩目的焦点。随着这一倡议的深入推进，关于其命名与阐释的翻译问题也逐渐浮出水面。在官方最终确定共建"一带一路"倡议的英文译名之前，各种版本的翻译和讨论层出不穷。如到底是战略还是倡议？其英语的翻译版本就多达十几种。然而，由于文化背景和立场的差异，不同国家、地区的媒体和专家对共建"一带一路"倡议的解读也呈现出多样性和复杂性，甚至存在一些误解和偏见，如将其与"中国的马歇尔计划"相提并论，或是质疑中国是否在进行某种形式的经济侵略。因此，如何在跨文化传播中准确、有效地传达共建"一带一路"倡议的核心理念和愿景，成为一个亟待解决的问题。

针对共建"一带一路"倡议全球传播过程中出现的语言转换误差，官方应形成中译英管理与信息发布机制，在出台政策的同时，规定某些词汇、语句的固定译法，这些译法不仅要经过中国外文局、翻译院、翻译家协会等翻译领域的专家学者的商讨和研究，确保翻译精准，更要与联合国、世贸组织、世界银行等国际合作相关组织的文件与传播文本进行研究与对接，以确保传播话语可以适应国际合作领域的现有话语体系，抓住传播重点，实现高标准、高质量、高效率的全球传播。

三、修复共建"一带一路"倡议全球传播中的认知偏差

如果说转换共建"一带一路"倡议全球传播中的话语表达方式是主动传播的第一步，也是防患于未然的关键一步，那么当国际社会对共建"一带一路"倡议的认知产生偏差时，及时修复这种认知偏差，便是全球传播的最后一步，也是守护好国际政治传播的底线。

（一）顶层谋划布局，组建专业全球传播团队，应对负面认知偏差

近年来，美国一些人热衷于在各种场合抹黑中国体制，渲染"中国威胁"，干涉中国内政，攻击中国内外政策，试图纠集内部和国际上的"共识"来对华全面遏制打压。这些人的"表演"剧本陈旧、套路老气、演技蹩脚、性质卑劣，但有其国内外利益集团的唱和以及部分受蛊惑的普通民众的观看，这些人反复粉墨登场，可能在世界上煽风点火、制造矛盾、挑起纷争，恶化国际社会特别是亚太地区的发展和安全环境。谎言重复千遍也不能取代真相。① 因此，在全球传播的背景下，尤其是在涉及国家间政治斗争和舆论战的复杂环境中，中国必须坚定立场，以事实为依据，及时、准确地回应这些不实指控。舆论战是现代战争的新形式，需要顶层谋划，做好战略部署，组建

---

① 冯维江. 抹黑中国的卑劣之举注定徒劳［N］. 光明日报，2022-08-23.

专业团队，深入研究不实指控的来源、逻辑和背后的动机，通过权威渠道发布真实、客观的信息，以正视听，消除误解和疑虑。

（二）鉴别认知偏差，及时纠正行为，肃清舆论环境

例如，在共建"一带一路"倡议的传播中，有部分人认为共建"一带一路"倡议项目透明度低，造成这一类认知偏差出现的原因可能是大众不了解共建"一带一路"倡议的信息发布机制，以及缺少相关可靠的信息发布渠道。因此，我们应当在鉴别认知偏差的基础上，及时对负面认知进行客观的评估，找出共建"一带一路"倡议相关项目本身是否存在弱点，或者可能会引发负面舆论的要素，疏通反馈渠道，纠正不良负面信息，为共建"一带一路"倡议的有效传播铺平道路。

（三）完善话语体系建设，提升共建"一带一路"倡议的国际形象

"一带一路"话语体系建设系中国特色大国外交话语体系的重要组成部分和国家形象构建的核心要义。"话语政策"是对外话语体系建设、国际话语权和国家形象构建的重要指导原则。其一，要立足构建人类命运共同体和中国特色大国外交理念，出台一系列引领和推动"一带一路"建设的话语政策和话语制度，为共建"一带一路"营造正向的国际舆论氛围，构建立体全面的外交话语体系。其二，要精心塑造和整体布局"一带一路"倡议的建设线路、建设精神、建设原则、建设内容、建设目标等话语子系统。其三，要充分考虑和详细分析"一带一路"共建国家语言文化、社会制度的迥异性以及地区国别差异性，创建个性化的、分众化、精细化的国家形象传播模式，应构建与中国特色大国外交相适应的话语分众化构建、话语分众化翻译、话语分众化传播机制。其四，要重点加强对"一带一路"共建国家的"话语对接"和"话语融通"。在对"一带一路"共建国家中国特色大国外交形象建构中，应强化跨文化意识，寻找中外话语的最佳共鸣点、最大公约数，融通中外，求

同存异、求同化异。① 当负面舆论产生时，一方面要积极做出回应，对负面信息形成传播阻力，另一方面要完善对外话语体系建设，以提升共建"一带一路"倡议的传播效果。

---

① 杨明星."一带一路"话语政策规划推动大国外国形象构建［EB/OL］.（2020-04-17）［2024-08-30］.https:baijiahao.baidu.com/s?id=1664183645177767823&wfr=spider&for=pc.

第六章
破解共建"一带一路"倡议全球传播中的价值认同困境

共建"一带一路"倡议全球传播中所面临的价值认同困境，指的是在全球化背景下，不同国家、民族和地区之间由于文化差异而引发的价值矛盾冲突。因而，从传播学的角度来看，破解价值认同困境的有效途径当归结到跨文化传播上来。共建"一带一路"倡议中包含着丰富的跨文化传播理念："利益共同体""命运共同体""民心相通"，中国的共建"一带一路"倡议带着面向人类社会的使命感，正在探索面向多元文化实践的新道路。而在探索的过程中，人类社会需要共同思考如何通过跨文化的对话、理解来认知、解构和重塑我们的经验和意义世界，需要坚持国家间和文化内部以及国家、文化之间的平等，将人类文明的历史视为一个互动的、创造性转化的跨文化过程。因此我们需要高度重视共建"一带一路"倡议中的跨文化传播因素，创新跨文化传播思维，构建中华文化融媒传播体系。

第一节　全球化背景下跨文化传播内核的凸显

当今世界，百年未有之大变局加速演进，全球发展不稳定性、不确定性愈加凸显。随着全球化与逆全球化的博弈加剧，以及世界范围的政治极端化和民粹主义所带来的种种冲击，国际社会面临的挑战也与日俱增，世界原有的传播格局和秩序处于动荡不居之中。针对国际舆论环境的变化，党中央审时度势，大力推动国际传播守正创新，作出加强和改进国际传播工作、构建具有鲜明中国特色的战略传播体系的重大部署。随着全球化进程的不断深化，跨文化传播日益成为各国交流的必要途径。

一、"技术主导论"的式微

回应时代的要求和诉求,全球传播中也出现了从关注技术到关注文化的转变。在关于全球传播的理论构建中,有学者从不同的研究视角提出了所谓研究全球传播的几种"范式"。其实,范式,是一种理论思维的总体方式,作为一种"形式因",它有赖于其内容的选择。也就是说,全球传播的范式决定着传播内容、传播途径和传播理念的选择。正是在这个意义上,全球传播的关注点或聚焦点正在从过去的技术向度向文化向度转型。

过去的全球传播可以说是"传播技术主导论",或可称为如学者所提出的"传播技术决定论"。通过历史性考察可得知,传播技术决定论,是北美传播技术学派(亦称"媒介技术学派",包括多伦多学派和纽约学派)中的先导性也是主导性理论。该理论又被称作媒介决定论或媒介中心论。"其理论预设是:人置身于其所使用的媒介之中(而不是之外),不同的媒介形式会以不同的方式影响人们如何感知、认识、思考、理解和表征外在于人的世界。在此基础上,它把媒介看作人类事务中发挥能动作用的中心要素和导致社会历史变化发展的重要动因,或者说,将社会变迁的潜力归于特定的媒介技术,从而在核心媒介的主流传播与当时社会的主要特征之间确立起规律性的、必然的关系。"[①] 可以看出,传播技术主导论,主张用某种新传播技术的发明来区分不同的历史阶段,称谓不同的时代。

而共建"一带一路"倡议的核心在于推动不同文明的交流与互鉴,由其所引领的"新全球化"趋势,强调文化的双向与多向互动交融。作为跨文化传播的典范,它超越了传统的二元对立思维,体现了"新全球化"的赋权视野。因此基于共建"一带一路"倡议,我们有望建立一种新型的文化传播范式,其中不同文明和文化得以平等对话和交融。

---

① 李智. 全球传播学引论 [M]. 北京:新华出版社,2010:15.

二、"政治经济批判论"的超越

政治经济学范式是指从政治、经济即权力和资本关系的角度来看待社会现象的世界观及其研究方法。它被定义并聚焦于对社会关系尤其是权力关系的研究上。政治经济学范式源于19世纪马克思对资本主义的政治经济学批判,其核心的学理依据是经济基础决定上层建筑,即一个拥有社会物质生产手段的阶级或集团同时支配着社会精神生产的手段。具体到传播学领域,传播的政治经济学范式认定媒介及其信息传播是社会控制的一部分,它把媒介的整个传播过程(包括受众方的阅听和观看行为)看作一种包括传播资源生产、分配、流通、交换、消费各环节以及宏观决策的经济活动,把所有的媒介产品(包括受众)当商品,从而揭示出资本主义社会大众传媒支配和控制的权力关系。[①]

可以明显看出,政治经济批判主导论,超越了前述传播技术主导论的视野,进入了人类社会的内部,并成为全球传播的内容核心,所谓"传播的政治经济学范式关注大众媒介的所有权结构、所有制关系及其控制"。很明显,政治经济批判主导论能够更好地揭示全球传播的本质,反映全球化所带来的人类传播形态的变化。比如,"传播全球化根本上归因于资本主义经济利益最大化的市场法则"。

有学者总结了政治经济批判主导论的几种演化形态:全球信息自由流通理论、传媒依附理论、媒介帝国主义理论、传播世界化理论、数字(网络)神话理论和跨国公共领域理论。在所有这些理论中,传播世界化理论更加引人注目。它是法国著名的信息传播学者、左翼批判理论家阿芒·马特拉关于世界传播思想的一种理论指称。"传播世界化理论是相对于以一体化或所谓'全球村'为旨归的传播全球化理论而言的。该理论与同一种传播政治经济学范式下的其他大多数理论形态(如传媒依附理论、媒介帝国主义理论、文化

[①] 李智. 全球传播学引论[M]. 北京:新华出版社,2010:22.

帝国主义理论等），都属于传播学的批判理论，都反对跨国性、全球性的文化霸权，而且其理论工具结构都归属于中心—边缘二元对立的世界体系理论的概念框架内。如果说其他传播政治经济学理论形态是从寻求信息一体化的全球化角度来立论，那么传播世界化理论则是从维护信息多元并存的世界化视角来立论的。"①

从某种角度来说，共建"一带一路"倡议的实施，既有对政治经济学的物质批判，也有对文化的批判。它把中华文化的科学性带入发展过程，以公利公益性文明意识弥补功利主义文化之不足，在带动东西方物质和文化的交融过程中，实现了理念的超越和思维的转型。

三、"文化主导论"的崛起

全球传播中的政治经济批判主导论，超越了流于表面形式的传播技术主导论，使人类对传播现象本质的认识进入了新的境界。但是，正如对传播技术主导论的批判："技术就是技术，人类社会的发展离不开技术，但人类社会的本质及主要运行机制却并不是什么技术。对于人类来说，固然无法彻底摆脱技术理性的约束和交缠，却永远在追求以价值理性为主导的人类社会行为，包括全球传播这样的社会行为。"同理，全球传播中的政治经济批判主导论也有自己不可克服的局限性。这种局限性在于：世界上的民族国家均具有自己的政治理想和政治制度特色，如若想实现超越国际传播的全球传播，其中特殊的"政治"便是一道难以轻易跨越的门槛。事实上，现在的政治经济批判主导论已经深深地陷入了被政治打压、约束、纠缠和制约的困境之中。政治经济批判主导论，在政治的"公说公有理，婆说婆有理"的纠缠之中，越来越远离了传播的原始旨归，把自己变成了纯粹的政治学或经济学或政治经济学，基本与"传播"无涉。

寻求全球传播中的"最大公约数"，是现实的和理论的急切诉求。在此背

---

① 李智. 全球传播学引论 [M]. 北京：新华出版社，2010：50.

景下，"文化主导论"悄然登上历史舞台。

不同于政治经济学范式，文化主义研究范式不接受马克思主义关于经济基础决定上层建筑的观点，而是认为，不同生活层面的内容相互影响，不是决定与被决定的关系。在人的整个生活世界内，"感知结构"生命共同体成员所共享的一套思想、感觉或意义系统，即文化是最核心的要素。"在传播学领域，传播的文化主义范式强调作为感知主体或者说作为意义系统载体的受众的文化接受或消费行为及其方式，并着力聚焦于媒介及其传播在创造和保持共享的意义和价值观的过程中所发挥的作用。概而言之，传播的文化主义范式关注媒介传播的文化本质和文化效应。进一步具体到全球传播领域，在文化主义范式的引导下，人们侧重于从文化或符号来看待全球传播的不均衡现象及其中所发生的信息博弈，解释全球传播的发展态势。"[1]

正如全球传播学者达雅·屠苏（Daya Thussu）所指出的，"二战"后及冷战期间，对国际传播的研究侧重于媒介传播在国际政治经济关系中所饰角色的体制性分析；但在20世纪90年代，随着政治向传播媒介的文化性靠拢而变得"非政治化"，国际传播的研究重点也转向了传播的文化分析。上述分析同样适用于全球传播研究。全球化传播的本质是传播的全球化，更准确地说，是文化传播的全球化。20世纪90年代冷战结束后，国际政治的非政治化或"文化化"（即从主权、军事等高级政治走向环保、文化等低级政治）趋势推动了大众文化的全球传播或者说文化全球化和跨国间符号竞争等议题的研究，全球传播中的文化主导论在全球范围内崛起。

作为人类社会重要组成部分的"文化"属于人类社会的精神体系，也正因如此，文化才能超越基于物质利益的经济和基于特殊权力的政治，成为全球传播的内核和认同度最强的传播"公约数"。据此，全球传播面临整体的文化转向，即从技术主导论跨越政治经济批判论，进而迈向文化主导论。

研究国际传播和全球传播的学者托马斯认为，国际传播试图从文化、经济、政治、技术和社会等方面对民族国家之间和跨民族国家的传播与媒体模

---

[1] 李智. 全球传播学引论 [M]. 北京：新华出版社，2010：52.

式及影响进行分析。国际传播更为关注的是媒体与传播制度和技术在全球层面的影响。因此，相对来说，对当地或国家层面的关注较少。[①] 从20世纪90年代开始，两大因素改变了过去研究或分析国家间互动的全球性视角。第一就是冷战结束及其带来的根本性变化，包括整个欧洲在政治上的重组；第二便是全球相互依存关系加强，这是扩大全球经济的大背景。托马斯认为，（全球经济不景气）这是告诉世人，即便是美国这样的经济大国照样会与冰岛这样的国家存在相互依存的关系，而且这种相互依存的关系远不止表现在经济层面，同时还表现在文化方面。他用三个特征来说明这一点：第一，在文化领域包含吸收或同化了多少国外的内容；第二，国外的内容以何种方式进行传播；第三，国内文化是如何受到这些国外文化影响的。显然，托马斯直接把国家传播转向全球传播，并进一步把全球传播推向跨文化传播，明确承认了全球传播的文化转向。

全球传播的文化转向，把我们研究的课题，顺理成章地从一般性的全球传播拓展至跨文化传播中来。

第二节　价值认同：共建"一带一路"倡议跨文化传播的重心

共建"一带一路"倡议是中国推动人类命运共同体建设的具体实践，跨文化传播则是其中重要的支柱。在当前国际局势动荡、"逆全球化"兴起和文化传播受阻的形势下，跨文化传播充满着变数，其承担的使命也越来越重大。

[①] 麦克费尔. 全球传播：理论、利益相关者和趋势[M]. 北京：中国传媒大学出版社，2016：2.

一、拓宽共建"一带一路"倡议的跨文化传播之域

前面我们提到，共建"一带一路"倡议的全球传播面临着种种困境，在政治的、经济的、军事的、生态的等诸多方面陷入了竞争，如政治陷于意识形态的竞争，经济陷于贸易规则的竞争，军事陷于国家安全的竞争，生态陷于资源占有的竞争，等等。而剩下的恰恰只有"文化"可以交流、可以通融、可以共享。

诚如有学者所言："传播是人的天性，亦是文化的本性。走进历史和现实深处我们便会发现，人类发展的历史就是文化传播的历史。文化传播随着人类的产生而产生，随着社会的发展而发展。文化传播冲破各式各样的社会藩篱，从时间和空间两个维度展开，是历时性和共时性的过程。文化的产生与发展、变迁与转型、差异与冲突、整合与创新、生产与再生产，都与传播紧密关联；文化传播作为一种最富有人性和人情的社会活动，使人成其为'人'，使人成其为'类'。一句话，文化传播与人类文明共振起伏、互动互进、休戚相关。没有文化传播，便没有人类的文明。"①

当我们把共建"一带一路"倡议置于全球传播的场域之中，其全球传播便在某种程度上发展成为一种跨文化传播。德国当代哲学家哈贝马斯曾经指出："不同的文化类型应当超越各自传统和生活形式的基本价值的局限，作为平等的对话伙伴相互尊重，并在一种和谐友好的气氛中消除误解，摈弃成见，以便共同探讨对于人类和世界的未来有关的重大问题，寻求解决问题的途径。这应当作为国际交往的伦理原则得到普遍遵守。"② 可以看出，这正是共建"一带一路"倡议的核心价值主张，也是跨文化传播的核心观念。

---

① 庄晓东.文化与传播概论[M].北京：人民出版社，2008：105.
② 哈贝马斯.作为未来的过去[M].章国锋，译.杭州：浙江人民出版社，2001：215.

二、共同价值是共建"一带一路"倡议跨文化传播中的深层连接纽带

跨文化传播已经成为一种比较系统的理论了。但是，纵观过去已有的跨文化传播理论，其研究重心都没有放在文化中的核心即价值观的传播与融合上，而是更多地放在文化表层，诸如语言与非语言、种种特别渠道和方式等方面。而在现实中，实现跨文化传播的难度，正在于价值观的认同和相融上。解决这一问题，首先需要在理论上进一步明确和承认共同价值在文化中的地位。

文化从结构上可以划分为三个层次，即表层的物质文化、中层的制度文化和深层的精神文化。其中，物质文化是指满足人类生活和生存需要所创造的物质产品及其所表现的文化，包括饮食文化、服饰文化、居处园林文化、日用器物文化、舟车交通文化、劳动工具—工艺技术文化等。物质文化具有鲜明的时代性，随着时代的发展，社会的物质文化也在总体上改变着自己的面貌。

制度文化是人类处理个体与他人、个体与群体之关系的文化产物，包括社会的经济制度、婚姻制度、家族制度、政治法律制度，实行上述制度的各种具有物质载体的机构设施，以及个体对社会事务的参与形式、反映在各种制度中的人的主观心态等。制度文化具有强制性、权威性、缓慢变迁性、相对独立性等。

精神文化是人类在社会实践和意识活动中长期育化出来的价值观念、思维方式、道德情操、审美趣味、宗教感情、民族性格等，是人类文化心态在观念心态上的反映，包括人们的文化心理和社会意识诸形式。其中，政治思想是人们对于社会政治制度、国家和其他政治组织、各阶级和各社会集团在政治生活中的各种关系的看法的总和。法律思想是人们关于法律制度、法律规范、法律机关以及法律关系的本质、特征、作用等方面的观点的总和。伦理学说是以调节人际关系的道德原则为研究对象，以描述道德、解释道德和

进行道德教育为任务的一种学说。以上三者都与人们现实的社会关系有着密不可分的联系。高级意识形态包括艺术、宗教和哲学。黑格尔在《美学》中专门论述了"艺术对宗教与哲学的关系"。他把人类认识最高真理（绝对精神）的发展分为三个阶段和三种形式：第一种形式是一种直接的也就是感性的认识，"感性观照的形式是艺术的特征"，它是自由地直观本身实质的精神；第二种形式是想象（表象）的意识，也就是宗教，宗教的意识形态是观念，它所借以表现绝对精神的是一种象征性的具象图形，介于艺术与哲学之间；第三种形式是绝对心灵的自由思考，即哲学，它否定了宗教侧重主体意识的片面性，把主体和客体、感性和理性统一起来，从而达到了绝对精神的彼岸。①

各种社会意识形态都直接地反映着当时社会文化心理的一般状况，具有时代的特色。一定时代的精神文化，特别是社会意识形态，是为一定时代的制度文化所制约的。按照一定的思想观点建立的国家制度，反转来制约着观念形态的文化，使之集中反映着统治阶级的意志，并为这种统治服务。如恩格斯所说："国家一旦成了对社会的独立力量，马上就产生了新的意识形态。"②

在物质文化、制度文化和精神文化这三种文化类型之中，物质文化是人类文明的基础，物质文化中渗透着制度文化和精神文化；制度文化由物质文化所决定，同时又以一定的精神文化观念作为存在的前提，并在其中凝结着、沉淀着精神文化的因素，物质文化与制度文化中渗透着精神文化的因素；精神文化的创造与传播需要通过语言载体和物质载体传承下来，并形成我们价值观的基础。精神文化归根到底由物质文化的发展水平所决定，但又受到制度文化的制约和影响，并且反作用于制度文化和物质文化。三者相互依存、彼此制约、互相渗透，构成了一个有机整体。

在精神文化中，价值观居于核心地位。价值观是基于人的一定的思维感

---

① 黑格尔. 美学 [M]. 北京：商务印书馆，1979：129-133.
② 恩格斯，马克思. 马克思恩格斯选集：第3版（第4卷）[M]. 北京：人民出版社，2012：249.

官之上而作出的认知、理解、判断或抉择，也就是人认定事物、辨定是非的一种思维或取向，从而体现出人、事、物一定的价值或作用；在阶级社会中，不同阶级有不同的价值观念。价值观对人们自身行为的定向和调节起着非常重要的作用。价值观决定人的自我认识，它直接影响和决定一个人的理想、信念、生活目标和追求方向的性质。虽然价值观是后天形成的，每个人都有一套其独特的价值观，但在每一种文化中，总有弥布于其中的普遍的价值观，这种价值观被称为文化价值观。

哈贝马斯对各民族不同类型文化特点进行了全面梳理，他认为，任何文化都有其自身存在的基础，应该超越传统、超越基本价值局限，和世界先进文化之间进行平等的对话和交流，在相互尊重的基础上互学互鉴，实现共同发展。在中国，各民族文化的有效融合是探讨解决社会发展问题的基础。而在国际交往中，各个地区和国家也要遵循这一基本伦理原则。可以看出，这正是共建"一带一路"倡议的核心价值，也是跨文化传播的基础。

共建"一带一路"倡议中所蕴含的共同价值，包括和平、发展、公平、正义、民主和自由，这些价值反映了世界各国人民普遍的价值追求。中国乘着全球化的东风，实现了跨越式的发展，这一成果不仅彰显了国家的崛起与繁荣，更承载着我们与世界人民共同分享发展红利的愿景。特别是对于那些中低收入国家，中国比任何一个西方发达国家都更能深刻理解他们的诉求和面临的困难。共建"一带一路"倡议便是中国向世界传递这一愿景的重要载体。它旨在通过政策沟通、设施联通、贸易畅通、资金融通、民心相通等方式，加强同共建国家的经济合作与人文交流，推动构建人类命运共同体。在这一过程中，中国不仅注重自身的发展，更关注如何帮助中低收入国家实现经济增长和社会进步，共同应对全球性挑战。

为了实现这一目标，我们应做好跨文化传播，以实际行动打破文化隔阂，促使不同国家的人民在文化交融中拉近心灵距离，为"一带一路"的长远发展奠定坚实的民意基础；增进国际社会对共建"一带一路"倡议的理解和认同，将其中所蕴含的共同价值传递给全世界，让更多的人了解中国的发展理念和行动方案，助力"一带一路"建设。

第三节　冲破跨文化传播中的文化殖民和"中心—边缘"格局

当今世界,"西强东弱"的全球传播格局并未发生根本改变,传播的轨迹和逻辑是从核心地带到边缘地带,即呈"中心—边缘"态势。这也导致跨文化传播对那些处于传播弱势的国家来说,只能是一个经历了文化逆差和文化渗透之后走向文化殖民的过程。所以,要破解共建"一带一路"倡议全球传播中的价值认同困境,首要的就是冲破"文化殖民"的围栏,打破"中心—边缘"的格局和秩序。

一、世界系统理论和电子殖民主义理论的启示

世界系统理论是传播学界对全球传播格局和秩序的一种解释理论。加拿大学者托马斯·L.麦克费尔(Thomas L. McPhail)在其《全球传播:理论、利益相关者和趋势》(*Global Communication: Theories, Stakeholders, and Trends*)中试图从文化、经济、政治、社会和技术等方面对民族国家之间和跨民族国家的传播与媒体模式及影响进行分析。作者采用国际信息传播新秩序(NWICO)、电子殖民主义和世界系统理论作为主要的理论视角来组织和理解在向国际传播迅速变化的大环境中所发生的事件、潮流和主要的利益相关者。作者从传播格局的角度,把世界分成三个主要的部分:核心、半边缘和边缘。核心国家数量较少,对其他两个区域有着广泛的经济影响,在关系与交易上都处于主导地位。美国、欧盟和日本是该群体中几个主导的利益相关者。这一群体有实力去界定与其他两个区域国家或地区的交易的规则、时机和内容。

结果表明，网络由核心地区的美国及其他西方经济大国和边缘地区欠发达国家构成。边缘国家都是发展中国家，半边缘国家在数量上很多，与核心国家有互动，但是目前想要加入精英核心国家群体，还缺乏足够的实力与相应的经济制度。

作者指出，世界系统理论很好地解释了国际传播领域正在发生的扩张现象：为什么核心国家的传播产业在与其他两个区域交往中拥有市场和经济优势？无论是在音乐、电影、电视剧、互联网还是任何其他文化产品中，很显然，核心国家处于主导地位，半边缘国家其次，边缘国家处于最底层。

世界系统理论暗示着这样一个信念，当半边缘和边缘区域更接近资本主义，并将市场扩展至包含核心国家时，就会获得繁荣。但是有一个重要的问题：当核心国家将其文化工艺品和产品扩展到其他区域时，结果往往是这样：第一，需要外国消费者购买核心国家的产品，最终所获利润又回到跨国媒体集团，而大多数媒体集团不是在欧洲就是在美国；第二，在核心国家生产的传播产品通常用外国的取向或价值观取代或替换当地的文化产品。因此，事实上是核心国获益还是当地获益，是个值得讨论的问题。

随着互联网技术的发展以及数字化对人类社会产生的巨大影响，在世界系统理论之后，电子殖民主义又应运而生。电子殖民主义产生于传统媒介向新媒体转型的过渡时期。如果说世界系统理论关注的是宏观经济和公司决议制定的政策层，那么电子殖民主义理论更多的是关注"传播硬体、进口软体，以及伴随而来的工程师、技术人员、相关资讯彼此所建立的依赖关系，另行建立起一套外国的规范、价值、期望，可能或多或少改变本国的文化和社会过程"[1]。在国际传播研究中引入世界系统理论和电子殖民主义理论，有助于我们更好地认清当前"西强东弱"的全球传播形势，突破"中心—边缘"的国际传播格局，构建全球传播新秩序。

---

[1] 麦克费尔. 全球传播：理论、利益相关者和趋势[M]. 北京：中国传媒大学出版社，2016.

二、将共建"一带一路"倡议向全球传播的"中心—核心"推进

当今世界正处于百年未有之大变局,人类文明发展面临越来越多的问题和挑战。作为世界上最大的发展中国家,中国着眼人类前途命运和整体利益,因应全球发展及各国期待,继承和弘扬丝路精神这一人类文明的宝贵遗产,提出共建"一带一路"倡议。这一倡议,连接着历史、现实与未来,源自中国、面向世界、惠及全人类。将共建"一带一路"倡议向全球传播的"中心—核心"推进,是一项系统工程,需要全社会共同参与。

(一)制定新时代的国际传播战略

党的二十大报告中明确指出,"加强国际传播能力建设,全面提升国际传播效能,形成同我国综合国力和国际地位相匹配的国际话语权";党的二十届三中全会通过的《中共中央关于进一步全面深化改革、推进中国式现代化的决定》提出,"加快构建中国话语和中国叙事体系,全面提升国际传播效能"。由此可见,"加强顶层设计和研究布局,构建具有鲜明中国特色的战略传播体系,着力提高国际传播影响力、中华文化感召力、中国形象亲和力、中国话语说服力、国际舆论引导力"是当前共建"一带一路"倡议全球传播的有效实施路径。

(二)借力新时代中国经济高质量发展的浪潮

众所周知,文化相对于经济硬实力来说是典型的软实力,对人的影响是潜移默化的,也是深远持久的。现实的情况是,我们在软实力的投入上还远远不够。很多人认为,在共建"一带一路"倡议的全球传播中,我们只要创造出具有中国特色、中国气派、中国风格的话语体系、理论体系就够了,其实不然,中国在新闻传播领域的硬投入,与西方发达国家还相差甚远。因此,借力新时代中国经济高质量发展的浪潮,推动硬实力基础上的软实力建设,是改变目前全球传播"中心—边缘"格局的有效对策。

三、细分受众的跨文化圈层

对于共建"一带一路"倡议的全球传播来说,一个十分重要且有效的举措是,细分全球受众的跨文化圈层,提高共建"一带一路"倡议跨文化传播的精准性。

(一)分层传播对共建"一带一路"倡议的适应性

国际传播相较于对内传播,由于传播对象身份更加复杂、文化和价值观的差异更大,构建话语体系的过程中,需注重用户思维。要做到这点,第一个维度就是要考虑社会分层因素,并以此为基础构建分层的话语体系。

社会分层起初是一个社会学概念,是指社会成员、社会群体因社会资源占有不同而产生的分化或差异现象,尤其是指建立在法律规范基础上的制度化的社会差异体系。

在现在的国际传播中,我们多数时候并没有考虑社会分层因素,大多数传播者因为追求规范正确、避免出错,或者本着"拿来就用"的原则,对外讲的话往往"一视同仁""一刀切",而不是使用分层化的话语。比如,围绕"人类命运共同体""脱贫攻坚""民族复兴"等主题进行阐述时,还是以"大国叙事"为主,引用官方已有的文件话语对外讲述,解释力度不够,缺少有感染力、可读性强的故事,缺少以小见大的叙事还不够。这样的结果就是,有些别人听不懂,有些别人不感兴趣,甚至有一些被人认为是中国的"对外宣传",国际传播效果大打折扣。

要想做到有效的国际传播,话语体系的构建就需要充分考虑受众的分层,依据传播主体、传播受众、传播内容、传播渠道、传播产品等的不同特点,对议题设置、传播内容、叙述方式、表达形式等各方面进行相应调整和优化。可以看出,这种分层传播对于共建"一带一路"倡议的全球传播十分有效。

(二)跨文化传播的受众圈层

对于中国的对外传播而言，大致经历了从"对外宣传"到"对外传播"，从"国际传播"到"全球传播"这样一个演进过程，不同时期有着不尽相同的传播导向和传播模式，而在其背后又隐含着不一样的受众圈层。

本书重点分析的共建"一带一路"倡议跨文化传播的受众圈层，特指区别于国内的"国际传播受众"。著名学者刘燕南认为，国际传播受众包括民族国家、各类国际组织和社会机构，也包括数量众多的企业与个人，等等，他们都是大众传播、跨国传播的参与者，除此之外还有大量的读者、用户和听众等，也都参与到了国际传播当中，应该属于国际传播受众。国际传播受众有时简称为国际受众。[1] 针对国际传播受众的特点，刘燕南认为，"国际传播的受众是一群游走在不同国别、不同文化和不同政治体制之间的特殊群体。他们置身于不同文化价值观和意识形态的交互作用下，以一种多语言和多身份的融合性方式生存。他们在拥有多、杂、散、匿、相对自由等一般受众的普遍性特征的同时，又具有跨国界、跨文化、多样不定和认知相对开放等特点。随着传媒技术的进步，尤其是互联网和手机等的出现，新媒体国际受众与传统国际受众渐行渐远，原本散居在世界各个角落的他们，不仅通过虚拟的网络真实地相遇在一起，而且在很大程度上颠覆了传统的'传—受'关系，并朝着传受角色一体化、边界模糊化的方向不断前进。"[2] 很显然，"跨国"只是国际受众的前提，而在全球化背景下，"跨文化"恐怕才是其特质，或者是其最显著的特征。

文化是有圈层的，不同国度、不同民族的人生活在不同的文化圈层之中。所谓圈层，可以有宏观与微观两个视角。宏观视角是以国度尤其是以民族为边界的文化共同体，如中华文化、印度文化等，世界上有多少民族就可能有多少文化共同体，这是一种横向的圈层；微观视角的圈层，是指在一个大的

---

[1] 刘燕南.国际受众研究[M].北京：中国传媒大学出版社，2006：30.
[2] 刘燕南.国际受众研究[M].北京：中国传媒大学出版社，2006：31.

文化共同体中,从纵向角度做出的细分。

本书认为,针对共建"一带一路"倡议的全球传播,受众分类应该聚焦于跨文化这一特质上。因此,国际传播受众从跨文化的角度可分为:(1)汉语言文化圈受众;(2)中华文化影响圈内的受众;(3)中华文化影响圈之外的受众。针对不同文化圈层的受众,设置特定的新闻议程,打造跨文化传播内容,对于共建"一带一路"倡议的全球传播来说至关重要。

这里重点说一下"中华文化影响圈之外的受众"这个圈层,针对这个圈层,我们要厘清以怎样的"文化细胞"和"文化密码"来呈现共建"一带一路"倡议,它决定着共建"一带一路"倡议全球传播的传播形态、传播话语、叙事风格、论说逻辑等深层次的问题。现在问题的症结可能正在于此。比如,如何讲好中国故事?说什么?怎么说?对谁说?说到什么程度?在什么地方说?用什么说?这一切都需要有一个重新编码并解码的过程。我们亟须做的是对共建"一带一路"倡议进行"文化换码",重新对其解码,以获得目标受众的认同。

(三)共建"一带一路"倡议中的价值层级与全球受众文化圈层的匹配传播

不同文化圈层的受众,要求与之相匹配的传播内容。如果我们能把共建"一带一路"倡议中蕴含的价值层级进行合理划分,即注重价值层级与受众文化圈层的匹配性,那么将更好地推进共建"一带一路"倡议的有效传播。

从哲学的角度看,人类所创造的价值可分为三种基本形态。一是经验价值,来自人们的实践经验;二是规范价值;三是终极价值。终极价值不仅牵引着经验价值和规范价值,而且是最高价值取向。达尔也对上述问题进行了分析,他认为当代政治普遍存在着经验价值与规范价值取向,"每一个问题代表着对世界的一个不同的取向。提出第一个问题,人们的取向是要发现一项政策。提出第二个问题,人们的取向是要寻求规范,亦即价值或标准,去判断可供选择的政策。提出第三个问题,人们力图找出现实世界中各种因素之间的经验的关系。提出第四个问题，人们力图澄清意义"①。

研究共建"一带一路"倡议中的价值层级与全球受众文化圈层的匹配性，就需要弄清楚各种层级政治价值的可传播程度。实用性越强的事物，可传播性越强，传播的范围也就越广泛。经验价值的形成受客观条件的影响，所以其可传播性相对较薄弱，特别是传者和受者，如果两者之间的政治现实相似度比较高，那么可传播性就比较强；如果相似度不高，差异性比较大，可传播性相对偏弱。比如西方经验在非西方国家中传播，要受到非西方国家的宗教信仰、政治制度等因素的影响，所以可传播程度并不高。②

显而易见，共建"一带一路"倡议也具备了经验价值、规范价值和终极价值三个层级，或者说完全可以从经验价值、规范价值和终极价值三个层级做出分层。共建"一带一路"倡议不仅是中国特色社会主义伟大实践的实际经验结晶，是解决纷繁复杂的国际问题的一般方法论，更是引领人类社会的发展方向和发展道路，向着更加美好的未来前进的不竭思想动力。

具体而言，共建"一带一路"倡议中的价值层级与全球受众文化圈层的匹配性，是与共建"一带一路"倡议全球传播的行进路径不大相同的。我们首先传播共建"一带一路"倡议的终极价值，即人类对美好生活的共同向往；其次，传播共建"一带一路"倡议关于生态发展、环境保护、生命安全、卫生健康等对于世界各国人民而言具有普遍性诉求的规范价值；最后，面向与中国的发展境况有极大相似性的地区和国家进行经验交流或传送经验式的传播。按照这个行进路径进行受众匹配，才是最科学的，也才最容易被中华文化影响圈之外的受众所接受。

---

① 达尔.现代政治分析［M］.北京：中国人民大学出版社，1987：10.这里我们之所以引用了达尔《现代政治分析》1987年的旧版本，是因为达尔在此后的新版本中删去了分析政治"四种取向"的理论。但我们认为，这个理论很有价值。达尔虽然不再提了，但并不等于说就否定了这个观点。
② 达尔.现代政治分析［M］.北京：中国人民大学出版社，2012：10.

第四节 注重共建"一带一路"倡议全球传播中的情感共鸣

我们之所以把共建"一带一路"倡议从国际政治传播延伸到跨文化传播,其中一个深层次的逻辑走向就是把共建"一带一路"倡议的全球传播从过去那种宏观的、笼统的、对象模糊的状态,调整为面向微观的、具体的、活生生的受众。求得全球受众"情感共鸣"具有切实可行的意义,是共建"一带一路"倡议全球传播又一提效之策。

一、情感是联结共同价值的重要纽带

理性与感性是人类精神世界中不可或缺的两个方面,它们既相互依存,又相互制衡。理性是人类文明进步的基石。从科学技术的飞速发展到法律法规的不断完善,都离不开理性思维的推动。然而理性并非万能,它也有其局限性。因为人本身就是情感动物,在人类一切事业中,情感都是原动力。感性让我们体验到生命的温暖和美好,让我们与他人建立深厚的情感联系。

黑格尔对此进行了分析,认为理性和情感同等重要。如果没有热情,那么就无法造就伟大事业;如果没有理性,伟大事业也会沦陷在情感的浪潮中,不会成功。①恩格斯指出,人类有意识的活动或者通过有激情的活动,实现了

---

① 北京大学哲学系外国哲学史教研室. 十八世纪末—十九世纪初德国哲学[M]. 北京:商务印书馆,1963:416.

社会创造，推动了社会的不断发展。① 追求真理的人必定也充满了情感，没有情感就不可能会去追求真理。②

诺尔曼·丹森在著作中分析了情感的内涵，他认为情感是自我的一种体现，如同自我感受，具有一定的时间性和存在性，对个体能够起到引领作用，或者引领着个体走向自我，或者在别人阴影之下更好地去认识社会。无论是在社会活动中，还是在和他人相互作用中都普遍存在着情感。③

情感是一种自我感受，而自我感受是人的一种体验。体验什么？体验人自己的本质力量。丹森把作为被感受和体验的自我区分为道德的、神圣的和世俗的，毫无疑问，信仰情感具有神圣性。但是，这种神圣性的理想信念和宗教信仰不同。它是对人性的一种高扬，而且它并不排斥世俗的和道德的情感，反而可能以某种世俗的或道德的情感为基础。

在传播活动中，人作为传播主体和受众都是有血有肉有情感的，无论是欣喜、悲伤、爱、恨，还是忧愁和喜悦，情感都是我们人类内心深处最真实、最基本的表达方式，是我们与世界及他人相连接的纽带。从理论上讲，任何传播活动都不能回避情感这一维度。

情感有个人内心情感，也有群体情感，即"群情"。我们这里所要探讨的是"共情"或"情感共鸣"。

二、通过情感共鸣实现共建"一带一路"倡议的共情传播

共情是一个心理学术语，指的是个体深入到他人的内心世界，站在对方的角度来认识其思想，体验其情感，并产生共鸣。人们在日常生活中，无时无刻不在与他人进行交流和互动，而情绪作为交流的重要组成部分，自然也会在这种互动中得以传递。无论是喜悦、悲伤、愤怒还是恐惧，这些情绪都可能通过言语、表情、肢体语言等多种方式，从一个人传递到另一个人，从

---

① 马克思恩格斯选集（第4卷）[M].北京：人民出版社，1995：243.
② 列宁.列宁全集[M].北京：人民出版社，1995：252.
③ 丹森.情感论[M].沈阳：辽宁人民出版社，1989：77-79.

而形成情绪上的共鸣和感染。因此，共情是人类所具备的一种伟大的能力。西方著名学者西蒙·巴伦—科恩（Simon Baron-Cohen）用他的共情回路理论详细分析了其构成要素和形成机制。"人之所以做出残酷行为，是因为共情回路出了故障。我曾经多次将共情回路称为'最后共路'（final common pathway），因为有一系列因素都会影响、破坏它的功能。"①

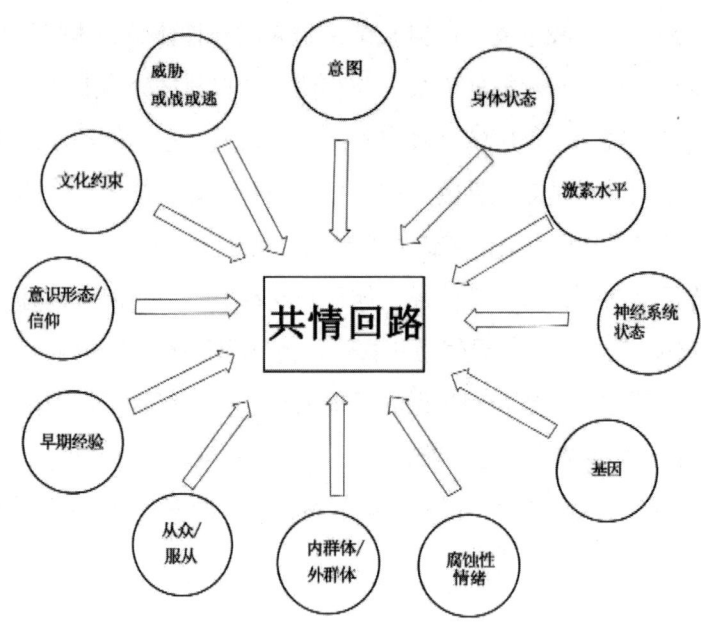

图 6-1 "共情回路"的构成要素和机制②

众所周知，传统新闻专业主义话语强调纯粹的客观性，将新闻记者和媒体机构的情感表达置于对立面。此种"理性—情感"二元对立框架遮蔽了一个事实，即对于作为社会产物的新闻报道，绝对的客观是难以实现的理想状态。在记者对素材进行选择、拼接和加工的新闻生产流程中，"事实主观化"难以避免，情感性因素也悄然涉入其中。共情传播因此应运而生。共情传播

---

① 科恩.恶的科学：论共情与残酷行为的起源[M].高天羽,译.桂林：广西师范大学出版社，2018：152.
② 科恩.恶的科学：论共情与残酷行为的起源[M].高天羽,译.桂林：广西师范大学出版社，2018：153.

是现代传播学中的一个概念，它强调的是个体在理解和共享他人情感的基础上，通过信息传播与分享的行为过程。在推进"一带一路"全球传播的过程中，复杂的话语环境决定了中国在增强包容性、适应多样性、提升实效性方面需要更加周全。共情传播兼具情感与价值理性，它以协助理解、引导参与为导向，被应用于共建"一带一路"倡议的传播中，在破解传播困境、重塑国家间理解和信任方面具有一定的实践价值。①

三、寻找共建"一带一路"倡议跨文化传播中情感共鸣的"基点"

从总体上看，也许在此之前，我们过于强调共建"一带一路"倡议全球传播的共识传播，而相对忽略了其中的共情传播，也就是忽视了"情感共鸣"这一特殊向度在提升共建"一带一路"倡议全球传播效果中的作用，那么这里我们有必要引入"情感共鸣"，作为提效之策。

有学者直接把共情传播上升为一种共情文明。也有很多学者认为，人类社会是由多个国家和民族共同组成的，文化多样性是一种常态，但是这些国家和民族之间存在着各种冲突和矛盾，至今没有找到一个合适的方法能够有效地化解国际冲突。②这种观点认为，当人类群体之间无法达成共识、无法相互理解，那么此时就无法实现分配正义，社会将会陷入混乱。所以此时应该构建一种与他者共存的理念，积极主动地和他者沟通交流，达成群体共情，这样才有利于全球问题的解决。③诺贝特·埃利亚斯对于上述观点进行了分析，他认为人的行为和感觉会影响到人类文明进程，某些人有可能为改变文明进程而有意识地做出某些行为、采取某种措施。

针对化解文化隔离和文化冲突，跨文化传播学者托马斯特别指出"强调情感表达或情感抑制"是一种非常重要的途径和策略。在他看来，有些人较为重视在争论不同意见时表达出强烈和外露的情感，这类人通常会采取强

---

① 郭艳."一带一路"倡议下的共情传播[J].东南传播，2021（4）：9-12.
② 博姆.道德的起源：美德、利他、羞耻的演化[M].杭州：浙江大学出版社，2015.390.
③ 吴飞.共情传播的理论基础与实践路径探索[J].新闻与传播研究，2019（5）：72.

调情感表达的策略。他们认为在意见相左时最好表露自己的情感，而不是将其隐藏或压制；也就是说，他们通过非语言动作和声音来表露情感，并且认为，将情感进行外向表达显示了一个人对冲突的重视程度和化解冲突的决心，甚至认为可以从一个人表达情感的能力来判断他的可靠程度。① 当然，赞同采用情感抑制策略的人则认为，当意见相左时最好冷静地讨论。对于这部分人来说，当面对冲突时，重要的是控制和内化自己的情绪，并避免非语言的情感表达。他们对情感表达感到不自在，认为如此表达情感会伤害到他人。采取情感抑制策略的人认为，压制个人的情感可以巩固人际关系，关心和保护他人的"面子"及尊严。在这种情况下，个人的可靠程度就与严格控制个人情感有关。

不管怎样，情感肯定是化解文化隔离、引发认知共鸣的有效途径和策略。我们认为，作为共建"一带一路"倡议全球传播的提效之策，必须首先找到引发情感共鸣和共情传播的基点。

（一）聚焦容易引发情感共鸣的生态环境问题

生态环境是人类生存和发展的根基，建设美丽家园是人类的共同梦想。习近平总书记强调，面对生态环境挑战，人类是一荣俱荣、一损俱损的命运共同体，没有哪个国家能独善其身。随着全球生态环境挑战日益严峻，良好生态环境成为各国经济社会发展的支撑点和人民生活质量的增长点，绿色发展成为各国共同的关切和追求的目标。一些西方发达国家，尽管在政治、经济、文化、军事等领域与中国相抗衡，试图打压中国、抹黑中国，而当面对日益严重的环境污染、资源枯竭、生物多样性丧失等问题时，保护生态环境、推动可持续发展成为各国的共同责任。由此可见，生态环境问题最容易引发包括发达国家、发展中国家、贫穷落后国家在内的普通民众的情感共鸣，也是共情传播的基点。

---

① 那卡雅玛.跨文化传播（第五版）[M].北京：清华大学出版社2015：235.

(二)聚焦重大突发公共社会事件

2019年年底,突如其来的一场新冠疫情不仅给全球公共卫生安全带来巨大危害,也对各国经济发展造成严重冲击,绝大多数国家经济面临衰退的风险。面对新冠疫情带来的全新考验,世界比以往任何时候都更加需要通过"一带一路"这个规模巨大的国际合作平台凝聚全球战疫力量。在全球抗疫进程中,通过坚持开放包容、团结合作,"一带一路"可以成为应对挑战的合作之路;在疫情蔓延之时,坚持互联互通,中欧班列实现常态化开行,"一带一路"成为驰援全球战疫、保障国际供应链稳定通畅的健康之路;在疫情持续期间,"一带一路"的许多重要工程依然持续推进,成为促进经济社会恢复的复苏之路;在"后疫情时代"世界经济下行压力加大的背景下,"一带一路"通过持续推进更大范围、更宽领域、更深层次的合作,为相关各国乃至世界带来更多增长机遇,必将成为释放发展潜力的增长之路。

(三)聚焦普通民众的故事

普通民众改善生活、改变命运的具体细节,往往才是共建"一带一路"进程中最生动的注脚。讲好"一带一路"故事,不仅要见证"一带一路"共建国家恢宏的发展历程,也要把聚光灯对焦各国民众的寻常生活。因此要注重细化切口,洞察增进民生福祉的鲜活案例。

为讲好共建"一带一路"倡议故事,商务部国际贸易经济合作研究院从2019年开始,组织优秀作家团队和当地民众共同创作了"一带一路"故事丛书《共同梦想》。他们也许是一位普通的农民、一名销售员、一名医生,抑或一位企业管理者,《共同梦想》的创作让他们可以彼此分享自己的"一带一路"经历。他们笔下的"一带一路"故事,清新自然、情真意切,有普通民众的生活改变,有专家学者的真知灼见,有政府官员的决策思考……无一例外,这些故事是"一带一路"造福各方的生动案例,诠释了"一带一路"是和平之路、繁荣之路、开放之路,也是绿色之路、创新之路、文明之路。对于共建"一带一路"倡议的全球传播来说,这些普通民众的故事无疑是最易引发情感共鸣的,也是降低文化折扣、扫清传播阻碍的切入点和突破口。

结　语

新时代以来，习近平总书记对加强和改进国际传播工作提出一系列新思想新观点新论断，作出一系列新的重大部署，为做好国际传播工作指明了前进方向、提供了根本遵循。习近平总书记指出："要加快构建中国话语和中国叙事体系，用中国理论阐释中国实践，用中国实践升华中国理论，打造融通中外的新概念、新范畴、新表述，更加充分、更加鲜明地展现中国故事及其背后的思想力量和精神力量。"

时光荏苒，自共建"一带一路"倡议提出已逾十载春秋，其丰硕的成果如同璀璨的星辰，照亮了全球经济发展的夜空。十年来，共建"一带一路"已成为深受欢迎的国际公共产品和国际合作平台，也成为向世界展示中国和平发展的窗口，为世界经济的稳定和发展作出了重大贡献，为全球化打开了新的空间。回首这段波澜壮阔的历程，我们不禁感叹，共建"一带一路"倡议不仅开启了国际合作新篇章，更是为推动构建人类命运共同体打开了一扇重要的窗口。它如同一座跨越时空的桥梁，将共建国家紧密相连，共同绘就了一幅和平、合作、共赢的美好画卷。然而，以美国为首的一些西方发达国家的主流媒体，总是老调重弹，将共建"一带一路"倡议描绘成中国谋求世界霸权的野心与手段，其言论之偏颇，实难反映共建"一带一路"倡议的真实面貌。

共建"一带一路"倡议所倡导的，是互利共赢的合作精神，是开放包容的发展理念。它不谋求一家独大，更不追求霸权主义。相反，它追求的是沿线国家的共同发展，是不同文明间的和谐共生。这样的愿景，正是全球治理体系变革的必然趋势,也是人类命运共同体的应有之义。

在这样的背景下,本书聚焦共建"一带一路"倡议的全球传播,旨在通过梳理共建"一带一路"倡议的核心要义、精神内核、主要内容以及丰硕成果,并以学界对共建"一带一路"倡议现有的研究为基础,构建了共建"一带一路"倡议全球传播多元理论模型。该模型的构建让我们在复杂的全球传播网络中梳理了发展脉络,那就是以媒体作为重要抓手,通过分层考察不同国家的主流媒体,精准透析共建"一带一路"倡议全球传播的主要力量博弈,进而破解共建"一带一路"倡议全球传播所面临的困境。亦即,从全媒体综合施力的角度,破解共建"一带一路"倡议全球传播的西强东弱困境;从国际政治传播的角度,破解共建"一带一路"倡议全球传播的意识形态困境;从跨文化传播角度,破解共建"一带一路"倡议全球传播的价值认同困境。

本书虽然对共建"一带一路"倡议的全球传播从所有可能的角度做了一系列的探索,但是,如何突破重围,打赢这场破冰之战,仍有待实践检验。本书权当抛砖引玉,希望能给后续研究带来一些启发。

参考文献

中文文献

［1］习近平.坚持推动构建人类命运共同体［M］.北京：中央文献出版社，2018.

［2］习近平.习近平谈治国理政（第3卷）［M］.北京：外文出版社，2017.

［3］邓小平文选：第2版［M］.北京：人民出版社，1993.

［4］江泽民.江泽民论有中国特色社会主义（专题摘编）［M］.北京：中央文献出版社，2002.

［5］北京大学哲学系外国哲学史教研室.十八世纪末—十九世纪初德国哲学［M］.北京：商务印书馆，1963.

［6］陈卫星.传播的观念［M］.北京：人民出版社，2004.

［7］房宁.中国政治制度［M］.北京：中国社会科学出版社，2017.

［8］郭庆光.传播学教程［M］.北京：中国人民大学出版社.1999.

［9］景跃进，陈明明，肖滨.当代中国政府与政治［M］.北京：中国人民大学出版社，2016.

［10］冷淞，等.新形势下媒体国际传播与话语权竞争［M］.北京：中国社会科学出版社，2016.

［11］李德顺.价值论［M］.北京：中国人民大学出版社，2013.

［12］李智.全球传播学引论［M］.北京：新华出版社，2010.

［13］梁守德，洪银闲.国际政治学概论［M］.北京：中央编译出版社，1994.

［14］林尚立.统一战线与国家建设［M］.上海：上海人民出版社，2008.

［15］刘燕南.国际受众研究［M］.北京：中国传媒大学出版社，2006.

［16］商务部国际贸易经济合作研究院"一带一路"经贸合作研究所.十年·大道至诚 中国推动"一带一路"经贸合作回顾与展望［M］.北京：中国商务出版社，2023.

［17］申琰.互联网与国际关系［M］.北京：人民出版社.2012.

［18］孙英春.跨文化传播学导论［M］.北京：北京大学出版社，2008.

［19］孙有中.中国治国理政思想的国际传播研究［M］.北京：国家行政管理出版社，2020.

［20］唐凌.全球化背景下的对话：对一种新的传播理念的探讨［M］.北京：文化艺术出版社，2012.

［21］王莉丽.旋转门：美国思想库研究［M］.北京：国家行政学院出版社，2010.

［22］王灵桂，赵江林.人类命运共同体构建之路：中外联合研究报告No.6（下册）［M］.北京：社会科学文献出版社，2019.

［23］吴飞.国际传播的理论、现状和发展趋势研究［M］.北京：经济科学出版社，2016.

［24］徐培喜.全球传播政策：从传统媒介到互联网［M］.北京：清华大学出版社.2018.

［25］严文斌.百年大变局［M］.北京：红旗出版社，2019.

［26］杨光斌.当代中国政治制度导论［M］.北京：中国人民大学出版社，2015.

［27］臧具林，陈卫星.国家传播战略［M］.北京：中国传媒大学出版社，2011.

［28］张建君.全球化视域下的中国发展道路研究［M］.北京：人民出版社，2017.

［29］郑思成.世界贸易组织与贸易有关的知识产权［M］.北京：中国人民大学出版社，1996.

［30］庄晓东.文化与传播概论［M］.北京：人民出版社，2008.

［31］陈曙光.人类命运与超国家政治共同体［J］.政治学研究，2016（6）.

［32］程曼丽.信息全球化时代的国际传播［J］.国际新闻界，2000（4）.

［33］丁晓星，关贵海，庞大鹏，等.中俄、中美、俄美关系目前各是什么态势［J］.世界知识，2020（12）：14-15.

［34］方彩琴."一带一路"背景下中国茶文化的国际传播［J］.福建茶叶，2015，37（4）：49-52.

［35］侯俊军，王胤丹.中美贸易摩擦的实质：基于贸易规则视角［J］.文化软实力，2020，5（2）：71-76.

［36］胡正荣.共建人类命运共同体：从"一带一路"海外舆情看国际关系的中国方案［J］.国际传播，2017（2）：1-9.

［37］花建."一带一路"战略与提升中国文化产业国际竞争力研究［J］.同济大学学报（社会科学版），2016，27（5）：30-39.

［38］黄俊，董小玉."一带一路"国家战略的传播困境及突围策略［J］.马克思主义研究，2015（12）：121-127.

［39］荆学民.国际政治传播中政治文明的共振机制及中国战略［J］.国际新闻界，2015（8）.

［40］李怀亮.从全球化时代到全球共同体时代［J］.现代传播（中国传媒大学学报），2020，42（6）：1-5.

［41］李辽宁.论"一带一路"背景下中国价值观的国际传播［J］.思想理论教育，2017（6）：52-55.

［42］李智.跨文化传播视域下"一带一路"纪录片的理念创新与发展路径［J］.当代电影，2017（7）：55-58.

［43］刘畅.特朗普《国家安全战略报告》评析［J］.和平与发展，2018（1）：43-62，124.

［44］刘同舫.构建人类命运共同体对历史唯物主义的原创性贡献

[J].中国社会科学,2018(7).

[45]刘雅菁.西方在巴基斯坦炮制"中国债务陷阱论"剖析[J].公共外交季刊,2023(4):75-83,134-135.

[46]马凌.风险社会语境下的新闻自由与政府责任[J].南京社会科学,2011(6):37-43.

[47]欧亚,吉培坤."后真相"与"假信息":特朗普执政以来美国公共外交的新动向[J].国际论坛,2019,21(06):112-124,159.

[48]邵志择.关于党报成为主流媒介的探讨[J].新闻记者,2002(3).

[49]史安斌,童桐.世界主义视域下的平台化思维:后疫情时代外宣媒体的纾困与升维[J].对外传播,2020(9):4-7,1.

[50]宋振华."一带一路"战略下的国际科技合作研究综述[J].昆明理工大学学报(社会科学版),2017,17(1):1-9.

[51]王国志,张宗豪,张艳."一带一路"倡议背景下中国武术国际传播偏向与转向[J].武汉体育学院学报,2018,52(7):70-74,87.

[52]王晓昆.美国主流媒体"一带一路"倡议报道研究:以《纽约时报》《华尔街日报》《华盛顿邮报》为例[J].青年记者,2018(6):87-88.

[53]吴飞.共情传播的理论基础与实践路径探索[J].新闻与传播研究,2019(5):72.

[54]吴飞.以和平的理念重塑国际传播秩序[J].南京社会科学,2013(4):101-108.

[55]张发林.化解"一带一路"威胁论:国际议程设置分析[J].南开学报(哲学社会科学版),2019(1):146-155.

[56]张恒军."一带一路"倡议与当代中国价值观的国际传播[J].传媒,2017(15):85-88.

[57]赵波,王烨婷."一带一路"官方话语的议程设置效果研究(2013-2023)[J].国际观察,2023(5):20-49.

[58]赵建国.论共情传播[J].现代传播,2021(6):25.

[59]赵瑞琦."三个舆论场"与对印传播战略:"一带一路"下的中国国

际话语权建构［J］.齐鲁学刊，2016（1）：74-79.

［60］钟新，王岚昕."一带一路"背景下国际合作传播的模式分析［J］.新闻战线，2017（9）：39-44.

［61］周婷，孟昭瑞.联合国"一带一路"新闻的话语实践分析［J］.传媒，2024（7）：91-93.

［62］朱锋，周嘉希.疫情时代美国涉华舆情的恶化：根源与对策［J］.对外传播，2020（6）：14-16.

［63］李怀宇.郑永年新著论中国崛起后的亚洲新秩序［EB/OL］.（2019-01-08）［2021-05-01］.https://m.thepaper.cn/newsDetail_forward_2746891.

［64］齐倩倩.推特再删4301个中国涉港账号［EB/OL］.（2019-09-21）［2021-03-26］.https://baijiahao.baidu.com/s?id=1645286709874874288&wfr=spider&for=pc.

［65］闪电新闻.滑向"技术民族主义"？美打压TikTok被批立下"危险先例"［EB/OL］.（2020-08-06）［2021-03-03］.https://baijiahao.baidu.com/s?id=1674242056884573049&wfr=spider&for=pc.

［66］永洪科技.TikTok为何被"围剿"？这些数据，真相了！［EB/OL］.（2020-08-06）［2021-03-26］.https://xw.qq.com/cmsid/20200806A0AAME00?ADTAG=amp.

［67］戴比尔，梅里尔.全球新闻事业：重大议题与传媒体制［M］.郭之恩，译.北京：华夏出版社，2010.

［68］海伍德.政治学（第二版）［M］.张立鹏，译.北京：中国人民大学出版社，2006.

［69］穆尼，埃文斯.全球化关键词［M］.刘德斌，等译.北京：北京大学出版社，2014.

［70］达尔.现代政治分析（第六版）［M］.吴勇，译.北京：中国人民大学出版社，2012.

［71］费正清，麦克法夸尔.剑桥中华人民共和国史（1949-1965）［M］.谢亮生，等译.北京：中国社会科学出版社，1990.

［72］恩格斯，马克思.马克思恩格斯选集：第3版（第1卷）[M].北京：人民出版社，2012.

［73］布尔.无政府社会：世界政治中的秩序研究[M].张小明，译.上海：上海人民出版社，2015.

［74］赫定.丝绸之路[M].乌鲁木齐：新疆人民出版社，2013.

［75］黑格尔.美学[M].北京：商务印书馆，1979.

［76］霍布斯鲍姆.极端的时代[M].郑明萱，译.南京：江苏人民出版社，1989.

［77］基辛格.世界秩序[M].胡利平，等译.北京：中信出版社，2016.

［78］克拉莫尼克.意识形态的时代[M].章必功，译.上海：同济大学出版社，2006.

［79］博姆.道德的起源：美德、利他、羞耻的演化[M].贾拥民，傅瑞蓉，译.杭州：浙江大学出版社，2015.

［80］福特纳.国际传播："地球都市"的历史、冲突与控制[M].刘利群，译.北京：华夏出版社，2000.

［81］阿尔布劳.中国在人类命运共同体中的角色：走向全球领导力理论[M].严忠志，译.北京：商务印书馆，2020.

［82］格里菲斯，奥卡拉格汉，罗奇.国际关系关键概念[M].朱丹丹，译.北京：北京大学出版社，2015.

［83］马克思.1844年经济学哲学手稿[M].北京：人民出版社，1979.

［84］马克思恩格斯全集[M].北京：人民出版社，1998.

［85］撒马迪.国际传播理论前沿[M].吴飞，黄超，译.北京：中国传媒大学出版社，2016.

［86］斯蒂格.全球化面面观[M].丁兆国，译.北京：译林出版社，2013.

［87］史蒂文森.认识媒介文化[M].王文斌，译.北京：商务印书馆，2001.

［88］丹森.情感论[M].沈阳：辽宁人民出版社，1989.

［89］亨廷顿. 文明的冲突与世界秩序的重建［M］. 周琪，等译. 北京：新华出版社，2010.

［90］汤林森. 文化帝国主义［M］. 冯建三，译. 上海：上海人民出版社，1989.

［91］麦克费尔. 全球传播：理论、利益相关者和趋势［M］. 北京：中国传媒大学出版社. 2016.

［92］赛佛林，坦卡德. 传播理论：起源、方法与应用［M］. 郭镇之，等译. 北京：华夏出版社，2000.

［93］科恩. 恶的科学：论共情与残酷行为的起源［M］. 高天羽，译. 桂林：广西师范大学出版社，2018.

［94］哈贝马斯. 作为未来的过去［M］. 章国锋，译. 杭州：浙江人民出版社，2001.

［95］那卡雅玛. 跨文化传播（第五版）［M］. 北京：清华大学出版社，2015.

［96］中共中央马克思恩格斯列宁斯大林著作编译局. 马克思恩格斯文集（第1卷）［M］. 北京：人民出版社，2012.

［97］列宁. 列宁全集［M］. 北京：人民出版社，1995.

英文文献

[1]HERRERO A G, XU J. Countries' perceptions of China's Belt And Road Initiative: a big data analysis[R/OL]. (2019) [2024-07-19]. http://www.jstor.org/stable/resrep28513.

[2]BARBER B. Jihad vs. McWorld: Terrorism's challenge to democracy[M]. New York, NY: Ballantine Books, 1996.

[3]CHEN L, YURKOV S. How Uzbek media presents the "One Belt, One Road" Initiative: a case study on Uzbekistan Today[J]. Communication and Public Diplomacy, 2018, 1(1): 118-133.

[4]SAID E W. Orientalism[M]. New York, NY: Pantheon Books, 1978.

[5]ELLIOTT P, GOLDING P. Mass communication and social change: the imagery of development and the development of imagery1[M]//DE KADT E, WILLIAMS G. Sociology and development. London: Routledge, 2018: 229-254.

[6]FLINT C, ZHU C. The geopolitics of connectivity, cooperation, and hegemonic competition: the Belt and Road Initiative[J]. Geoforum, 2019(99): 95-101.

[7]GILENS M, PAGE B I. Testing theories of American politics: Elites, interest groups, and average citizens[J]. Perspectives on Politics, 2014, 12(3): 564-581.

[8]GOLAN G J, LUKITO J. The rise of the dragon? Framing China's global leadership in elite American newspapers[J]. International communication gazette, 2015, 77(8): 754-772.

[9]ÖZSU G, BINARK F M. Representation of the "Belt and Road Initiative" in Turkish mainstream newspapers[J]. Communication and the Public, 2019, 4(4): 291-304.

[10]JONES L, ZENG J. Understanding China's "Belt and Road Initiative": Beyond "grand strategy" to a state transformation analysis[M]//HAMEIRI S, JONES L, HEATHERSHAW J. Rising powers and state transformation. London: Routledge, 2020: 19-43.

[11]LAMS L. China: economic magnet or rival? Framing of China in the Dutch- and French-language elite press in Belgium and the Netherlands[J]. International communication gazette, 2016, 78(1-2): 137-156.

[12]MOSELEY C. Atlas of the world's languages in danger[R/OL]. (2010) [2024-07-19]. https://www.repository.cam.ac.uk/items/5ff19e36-9b75-469e-ac5e-2f4925852790.

[13]AFZAAL M, ZHANG C, CHISHTI M I. Comrades or contenders: a corpus-based study of China's belt and road in US diplomatic discourse[J]. Asian journal of comparative politics, 2022, 7(3): 684-702.

[14]NIU S, RELLY J E. Framing China's Belt and Road Initiative by U. S. and

Indian news media (2013–2018)[J]. Newspaper research journal, 2021, 42(2): 270–287.

[15]PETRAS J. Cultural imperialism in late 20th century[J]. Economic and political weekly, 1994, 29(32): 2070–2073.

[16]MATURA T. The belt and road initiative depicted in Hungary and Slovakia[J]. Journal of contemporary east Asia studies, 2018, 7(2): 174–189.

[17]TRACY E F, SHVARTS E, SIMONOV E, et al. China's new Eurasian ambitions: the environmental risks of the Silk Road Economic Belt[J]. Eurasian geography and economics, 2017, 58(1): 56–88.

[18]TöNNIES F, CAHNMAN W J. On sociology: pure, applied, and empirical: selected writings[M]. Chicago, IL: University of Chicago Press, 1971.

[19]LI W. Research proposal of a corpus-based discourse analysis of British and American mainstream media on "The Belt and Road Initiative" [J]. Open journal of social sciences, 2021, 9(2): 509–516.

[20]WANG C, LIM M K, ZHANG X, et al. Railway and road infrastructure in the Belt and Road Initiative countries: estimating the impact of transport infrastructure on economic growth[J]. Transportation Research Part A: policy and practice, 2020(134): 288–307.

[21]WILLIAMS J, ROBINSON C, BOUZAROVSKI S. China's Belt and Road Initiative and the emerging geographies of global urbanisation[J]. Geographical journal, 2020, 186(1): 128–140.

[22]XU K. Painting Chinese mythology: varying touches on the magazine covers of time, the economist, der spiegel, and China Today[J]. International communication gazette, 2018, 80(2): 135–157.

[23]YUAN Z, FU Q. Narrative framing and the United States' threat construction of rivals[J]. Chinese journal of international politics, 2020, 13(3): 419–453.

[24]ZHANG L. China's Belt and Road Initiative in the European media: a mixed narrative?[M]//MISKIMMON A, O'LOUGHLIN B, ZENG J. One Belt, one road, one story? Cham: Springer, 2021: 115–137.

图书在版编目（CIP）数据

共建"一带一路"倡议的全球传播研究 / 杨扬著 . -- 北京：中国传媒大学出版社 , 2025.5.

（政治传播研究前沿书系 / 荆学民主编）．

ISBN 978-7-5657-3875-3

Ⅰ . F125

中国国家版本馆 CIP 数据核字第 20255UV303 号

共建"一带一路"倡议的全球传播研究
GONGJIAN "YIDAIYILU" CHANGYI DE QUANQIU CHUANBOYANJIU

著　者	杨　扬
责任编辑	欧丽娜
责任印制	李志鹏
封面设计	拓美设计

出版发行	中国传媒大学出版社		
社　　址	北京市朝阳区定福庄东街 1 号	邮　编	100024
电　　话	86-10-65450528　65450532	传　真	65779405
网　　址	http://cucp.cuc.edu.cn		
经　　销	全国新华书店		
印　　刷	唐山玺诚印务有限公司		
开　　本	710mm×1000mm　1/16		
印　　张	15		
字　　数	237 千字		
版　　次	2025 年 5 月第 1 版		
印　　次	2025 年 5 月第 1 次印刷		
书　　号	ISBN 978-7-5657-3875-3	定　价	78.00 元

本社法律顾问：北京嘉润律师事务所　郭建平